EIN NORMALES

KOCHBUCH

... ABER WAS IST SCHON **NORMAL**?

ZORA KLIPP

EIN NORMALES

KOCHBUCH

... ABER WAS IST SCHON **NORMAL**?

RAFFINIERT
AUTHENTISCH
SUPERLECKER

EIN BUCH DER
EDITION MICHAEL FISCHER

INHALT

Crosstinis, S. 14

Nudelsuppe, S. 42

Avocado-Blutorangensalat, S. 34

Flanksteak on Toast, S. 62

Schwedisches Krabbensandwich , S. 74

BEILAGEN

Hasselback-Kartoffeln, S. 141

Feigensalat, S. 114

BACKEN & SÜSSES

Rezepte mit diesem Symbol sind vegan.

Walnuss-Honig-Creme, S. 106

Bienenstich, S. 156

Bananamisu, S. 160

. . . ABER WAS IST SCHON **NORMAL**?

Das ist eine Frage, die weder ich noch jemand anderes beantworten kann und sollte. Denn genauso bunt wie wir Menschen sind, gestaltet es sich auch mit dem Geschmack oder was letzten Endes auf unseren Tellern landet. Ob vegan, vegetarisch, Fisch oder Fleisch: ernähr dich so, wie du es für dich persönlich als richtig empfindest, und iss das, was du am liebsten magst und dir guttut. Eine Sache liegt mir dabei aber am Herzen und das tut und tat es schon immer: dir den einfachen, nachhaltigen und spaßigen Umgang mit Lebensmitteln zu zeigen und mit dir gemeinsam zu deinem Lieblingsgericht zu kommen.

Ich habe lange überlegt, wie mein nächstes Kochbuch heißen und aussehen soll. Als ich dann angefangen habe, die Rezepte zu kreieren und an dem Buch zu arbeiten, habe ich gemerkt, dass ich dieses Buch gar keinem speziellen Thema zuordnen kann und möchte.

Meine vorherigen Bücher haben immer eine spezielle Zielgruppe angesprochen oder ein spezifisches Thema gehabt. In den letzten Jahren ist aber mein Arbeitsleben bunter geworden: von YouTube zum eigenen Café bis hin zum Fernsehen – es hat sich viel entwickelt, und damit auch meine Art und Weise zu kochen und Rezepte zu schreiben. Rezepte für Alt bis Jung, von Stadt bis Land, für Kochprofi bis Anfänger*in, von vegan bis tierisch, von Klassikern zu Ausgefallenem.

Ein normales Kochbuch ist für mich ein Buch, das in die klassischen Kapitel eingeteilt ist, so wie man es eben von einem Kochbuch kennt. Angefangen bei Vorspeisen, dann Suppen und Salate, Hauptgänge und so weiter – wie eine Menüabfolge im Grunde. Und auch bei einem Menü oder einer Speisekarte entscheidest du dich in der Regel für das, worauf du gerade Lust hast. Magst du gerade eher Fleisch oder ernährst du dich vegan, dann suchst du dir genau das aus. Und das habe ich versucht, auf mein Buch zu übertragen, in der Hoffnung, dass für jede*n etwas dabei ist. Also zieh dir deine Schürze an, hol den Kochlöffel raus und auf geht's.

VORSPEISEN

CROSTINIS

MIT BOHNENMUS, GESCHMORTEN TOMATEN UND SONNENBLUMENKERNEN

ZUTATEN
FÜR 4 PORTIONEN

FÜR DAS BOHNENMUS

1 Dose weiße Bohnen (400 g Füllgewicht)

1 Knoblauchzehe

Saft von 1 Limette

1 TL Tahin

Salz, Pfeffer

1 Msp. gemahlener Kreuzkümmel

40 ml Olivenöl

FÜR DIE KIRSCHTOMATEN

250 g Kirschtomaten

4 EL Olivenöl

1 Knoblauchzehe

Salz, Pfeffer

Zucker

FÜR DIE CROSTINIS

1 Baguette

etwas Olivenöl

FÜR DEN SONNENBLUMEN-CRUNCH

2 EL Zucker

200 g Sonnenblumenkerne

grobes Meersalz

ZUBEREITUNG

Den Backofen auf 180 °C (Ober-/Unterhitze) vorheizen.

Die Bohnen unter fließendem Wasser gut abspülen. Dann die Knoblauchzehe schälen und mit den Bohnen und den restlichen Zutaten zu einem Mus pürieren. Ggf. noch einen Schluck Wasser hinzufügen.

Die Kirschtomaten waschen. Mit Olivenöl, Knoblauch, Salz, Pfeffer und 1 Prise Zucker in eine Auflaufform geben und im heißen Backofen (Mitte) für ca. 15 Minuten schmoren. Das Baguette in Scheiben schneiden, mit Olivenöl bestreichen und auf einem Backblech für 10 Minuten im Ofen mitrösten.

In der Zwischenzeit den Zucker in einer beschichteten Pfanne langsam zum Schmelzen bringen. Die Sonnenblumenkerne und 1 Prise Meersalz hinzufügen, verrühren und auf einen Backpapierbogen geben. Dort auskühlen lassen und anschließend etwas zerbröseln.

Die Baguettescheiben mit dem Bohnenmus bestreichen, ein paar Tomaten darauf verteilen und mit dem Sonnenblumen-Crunch bestreuen.

BRESAOLA

MIT FRITTIERTEN KAPERN UND SCHMAND

ZUTATEN
FÜR 2 PERSONEN

140 g Bresaola (in dünnen Scheiben)
50 ml geschmacksneutrales Öl
1 EL Kapern
2 Knoblauchzehen
60 g Grana Padano
200 g Schmand
1 Bio-Zitrone
grobes Meersalz
Pfeffer
1 EL Hefeflocken
20 g geröstete Pinienkerne
Olivenöl

ZUBEREITUNG

Die Bresaola nebeneinander auf einer großen Platte drapieren. Das Öl in einem kleinen Topf erhitzen, die Kapern darin knusprig ausbacken, dann herausnehmen und beiseitelegen. Anschließend das Öl abkühlen lassen, dafür die Hitze etwas herunterdrehen.

Die Knoblauchzehen schälen und in feine Scheiben schneiden. Dann sachte im abgekühlten Öl ausbacken, bis sie goldbraun sind. Die Knoblauchchips anschließend auf einem Küchenpapier abtropfen lassen.

Mit einem Sparschäler ein paar dünne Scheiben vom Grana Padano hobeln und den Rest fein reiben. Die Zitrone heiß abwaschen und die Schale ebenfalls fein abreiben. Geriebenen Käse, Zitronenabrieb und den Saft einer halben Zitrone zusammen mit dem Schmand, etwas Meersalz, Pfeffer und den Hefeflocken verrühren. Den Schmand in Klecksen auf der Bresaola verteilen. Mit Knoblauchchips, Kapern, gehobeltem Grana Padano und Pinienkernen bestreuen und mit Olivenöl beträufeln.

TIPP | **Große Kapernäpfel eignen sich hier noch als Garnitur.**

GEBACKENER

CAMEMBERT

MIT BUNTER SALATBEILAGE

ZUTATEN
FÜR 4 PERSONEN

FÜR DEN CAMEMBERT

2 Eier (Größe M)

1 TL getrockneter Rosmarin

Salz, Pfeffer

4 EL Mehl

8 EL Panko

4 kleine Camemberts

200 ml Sonnenblumenöl

FÜR DEN SALAT

2 Bio-Orangen

1 EL Senf

4 EL Balsamico bianco

1 TL Honig

Salz, Pfeffer

4 EL Walnussöl

4 EL Olivenöl

400 g Salat deiner Wahl

50 g Walnusskerne

ZUBEREITUNG

Für den Camembert die Eier in einem tiefen Teller verquirlen, den getrockneten Rosmarin und etwas Salz und Pfeffer hinzufügen. Das Mehl und das Panko ebenfalls jeweils in eine Schüssel geben.

Den Käse nun erst im Mehl wenden, dann mit Ei komplett benetzen und anschließend im Panko wenden. Den Vorgang wiederholen. Zweimal paniert werden sie extra knusprig.

Das Öl in einer Pfanne erhitzen und den panierten Käse jeweils 2–3 Minuten von jeder Seite goldbraun ausbacken. Anschließend bei 80 °C (Umluft) im Backofen warmhalten.

Für den Salat 1 Orange heiß abwaschen und die Schale mit einer Reibe abreiben und beiseitestellen. Alle Orangen anschließend schälen, filetieren und auf Tellern verteilen.

Für das Dressing den Senf mit Essig, dem Orangenabrieb, dem Honig sowie Salz und Pfeffer mit einem Schneebesen verrühren. Anschließend Walnuss- und Olivenöl langsam und unter Rühren hinzufügen und zu einem geschmeidigen Dressing verrühren.

Den Salat waschen, trocken schleudern und in eine Schüssel geben. Erst kurz vor dem Servieren mit dem Dressing vermengen und mit den Orangenfilets und den Walnusskernen garnieren.

KARTOFFEL-ERBSENSALAT

MIT DILLSAUCE UND FORELLE

ZUTATEN
FÜR 2 PERSONEN

FÜR DEN KARTOFFELSALAT

400 g festkochende Kartoffeln

Salz, Pfeffer

150 g TK-Erbsen

20 g Butter

1 TL Zucker

Saft von einer ½ Zitrone

Olivenöl

Meersalz

FÜR DIE DILLSAUCE

150 g Joghurt (3,8 % Fett)

50 g Frischkäse

15 g Honig

15 g Senf

Salz, Pfeffer

½ Bund Dill

FÜR DEN FISCH

125 g Forellenfilet

ZUBEREITUNG

Die Kartoffeln schälen, in 1 cm dicke Scheiben schneiden und in kräftig gesalzenem Wasser gar kochen.

Die Erbsen in kochendem Wasser kurz blanchieren. Die Butter in einer Pfanne schmelzen, etwas Blanchierwasser hinzufügen und die Erbsen darin schwenken. Mit Salz, Pfeffer, Zucker und Zitronensaft abschmecken.

Für die Dillsauce den Joghurt mit dem Frischkäse, Honig, Senf, Salz und Pfeffer und einem Schluck Wasser glatt rühren. Den Dill waschen, trocken schütteln und, bis auf einen Zweig, die Dillspitzen fein hacken und unter die Sauce rühren.

Sobald die Kartoffeln gar sind, abgießen und wieder zurück in den Topf geben. Mit etwas Olivenöl und Meersalz vermengen und die Scheiben auf Tellern anrichten. Das Dressing und die Erbsen darauf verteilen.

Die Forellenfilets in kleine Stücke zerteilen, auf dem Salat drapieren und mit den beiseitegelegten Dillspitzen garnieren.

TIPP | **Wer mag, kann den Teller auch noch mit Radieschen- und Gurkenscheiben verzieren.**

GEBRATENE

ZUCCHINI

MIT PETERSILIEN-MANDEL-PESTO

ZUTATEN FÜR 2 PERSONEN

2 Zucchini
Salz
50 ml Olivenöl
1 Bund glatte Petersilie
3 Knoblauchzehen
100 g geröstete Mandelkerne

ZUBEREITUNG

Die Zucchini waschen, putzen, in 1 cm dicke Scheiben schneiden und von beiden Seiten mit Salz bestreuen. Zucchinischeiben auf einem Gitter auslegen und 10 Minuten stehen lassen. Die Scheiben nun trocken tupfen und in einer Pfanne mit 2 EL Öl goldbraun anbraten.

Die Petersilie waschen, trocken schütteln, die Blätter abzupfen und grob zerkleinern. Die Knoblauchzehen schälen und ggf. halbieren. 80 g Mandeln mit dem Knoblauch, dem restlichen Öl und der Petersilie mit einem Blitzhacker oder Pürierstab zu einem Pesto verarbeiten. Mit etwas Salz abschmecken.

Die restlichen Mandeln grob hacken, das Pesto auf den Zucchinischeiben verteilen und die Mandeln darüberstreuen.

TIPP

Dieses Rezept ist vegan. Wer es noch etwas deftiger mag, kann auf das Pesto noch etwas Schafskäse bröseln.

GEFÜLLTE EIER

Und zwar oldschool, so wie ich sie damals auf dem Land in meiner Ausbildung gelernt habe. Eine leckere, leider fast vergessene Ergänzung für jedes Büffet oder eben als Vorspeise. Oder als Frühstück. Oder als Mitbringsel. Oder, oder, oder ... ganz egal: Ich liebe diese Dinger!

ZUTATEN FÜR 8 HALBE EIER

FÜR DIE EIER

4 Eier (Größe M)

2 TL Senf

½ TL Worcestersauce

Salz, Pfeffer

80 g Frischkäse

FÜR DIE GARNITUR

etwas Kresse

ein paar Radieschen

ZUBEREITUNG

Die Eier 8–10 Minuten hart kochen. Anschließend kalt abspülen, schälen und vorsichtig der Länge nach halbieren. Das Eigelb behutsam mit einem Teelöffel aus den Eierhälften entfernen und in eine Schüssel geben. Mit den übrigen Zutaten zu einer glatten Creme verrühren. Die Eigelbcreme in einen Spritzbeutel mit einer Tülle deiner Wahl geben und zurück in die Eierhälften spritzen.

Die Kresse waschen, trocken schütteln und fein hacken. Die Radieschen waschen, putzen, das Grün entfernen und in feine Scheiben schneiden. Die Eier mit Kresse und den Radieschen verzieren.

TIPP

Wer mag, kann die gekochten und geschälten Eier noch für 1 Minute in Rote Bete-Saft legen.

GEBEIZTER LACHS

MIT ROTE BETE

ZUTATEN
FÜR 3-4 PERSONEN

1 EL rosa Pfeffer
2 EL Zucker
30 g grobes Meersalz
1 kleine Rote Bete (ca. 120 g)
1 Bio-Zitrone
200 g frischer Lachs mit Haut
½ Bund Dill

ZUBEREITUNG

Den Pfeffer mithilfe eines Mörsers grob zerstoßen und mit dem Zucker und dem Meersalz vermengen.

Die Bete schälen und mit einer Reibe grob reiben. Es bietet sich an, hierbei Handschuhe zu tragen, da die Rote Bete stark abfärbt. Die Zitrone heiß abwaschen und mit einer feinen Reibe die Schale abreiben. Die Rote Bete und den Zitronenabrieb mit der Salzmischung vermengen.

Die Hälfte der Mischung in einer Auflaufform, die groß genug für den Lachs ist, verteilen. Den Lachs mit der Hautseite nach oben darauflegen und mit der restlichen Salzmischung bedecken.

Die Form gut mit Frischhaltefolie abdecken und für mindestens 24 Stunden in den Kühlschrank stellen.

Anschließend die entstandene Flüssigkeit abgießen, den Lachs vom Salz befreien und trocken tupfen. Den Dill waschen, trocken schütteln, fein hacken und auf dem Lachs verteilen. Nun in feine Streifen schneiden und servieren.

TIPP

Dazu passt eine einfache Sauce aus Senf und Honig (1:1).

GRAZEBOARD

Butternusskürbis-Hummus mit frittierten Salbeiblättern, eingelegten Oliven, Käse, gerösteten Rübchen, Walnusspesto und Brot. Hierfür benötigst du im Optimalfall ein schönes Brett oder eine größere Servierplatte. Du kannst natürlich auch alles einzeln anrichten.

ZUTATEN
FÜR 4 PERSONEN

FÜR DEN KÜRBIS-HUMMUS

500 g Butternusskürbis

1 Dose Kichererbsen (400 g Füllgewicht)

20 g Tahin

Saft von 1 Limette

1 Msp. gemahlener Kreuzkümmel

80 ml Olivenöl

1 Knoblauchzehe

70 ml Speiseöl

½ Bund frischer Salbei

ZUBEREITUNG

Den Kürbis schälen und in Würfel schneiden. In gesalzenem Wasser kochen, bis er gar ist. Anschließend durch ein Sieb gießen und im Topf auf der noch heißen Herdplatte etwas ausdampfen lassen. Den Kürbis nun auskühlen lassen.

Die Kichererbsen kalt abspülen und mit den restlichen Zutaten, bis auf den Salbei, inklusive des Kürbisses und ½ TL Salz mithilfe eines Mixers oder eines Pürierstabs zu einer Creme verarbeiten.

Den Salbei waschen, gut trocken schütteln und die Blätter abzupfen. Speiseöl in einer Pfanne erhitzen und die einzelnen Blätter darin kurz frittieren bis sie knusprig, aber nicht dunkel sind. Anschließend auf einem Küchenpapier etwas abtropfen lassen.

Den Hummus auf eine Seite deiner Servierplatte streichen oder in einem Schälchen anrichten, etwas Olivenöl darüberträufeln und mit dem Salbei belegen.

FÜR DIE RÜBCHEN

500 g kleine Möhrchen mit Grün

50 g Butter

Salz, Pfeffer

FÜR DAS PESTO

200 g geröstete Walnusskerne

1 Bund Petersilie

100 g Parmesan

1 Knoblauchzehe

Salz, Pfeffer

200 ml Olivenöl

AUSSERDEM

200 g kräftiger Käse, z. B. Gruyère

1 Brie oder Camembert

1 Dose Oliven mit Knoblauch oder Mandelfüllung

Brot

Obst und Gemüse deiner Wahl

Für die Rübchen die Möhren vom Grün befreien, dabei ein kleines Stück Grün an den Möhren lassen. Die Möhrchen schälen und die Butter in einer heißen Pfanne zum Schmelzen bringen. Die Möhren leicht darin anbraten, mit einem Schluck Wasser ablöschen (Achtung, das kann spritzen) und mit geschlossenem Deckel bei niedriger Hitze für ca. 8 Minuten garen. Mit Salz und Pfeffer abschmecken.

Für das Pesto alle Zutaten in einen Mixer geben oder mithilfe eines Pürierstabs zu einem Pesto verarbeiten. In eine kleine Schüssel füllen und auf deine Platte stellen.

Nun kannst du all deine Komponenten bunt auf deinem Brett oder der Platte drapieren.

SUPPEN & SALATE

AVOCADO-BLUTORANGENSALAT

ZUTATEN FÜR 4 PERSONEN ALS VORSPEISE

FÜR DAS DRESSING

1 Bio-Blutorange

1 EL Senf

4 EL Aceto balsamico bianco

1 TL Honig

Salz, Pfeffer

8–10 EL Olivenöl

FÜR DEN SALAT

1 Blutorange

2 Avocados

200 g geräucherter Schinken (in Scheiben)

frisches Basilikum

30 g geröstete Pinienkerne

ZUBEREITUNG

Für das Dressing die Blutorange heiß abwaschen und die Schale abreiben. Mit Senf, Essig, dem Honig sowie Salz und Pfeffer verrühren. Anschließend das Öl langsam und unter Rühren hinzufügen und zu einem geschmeidigen Dressing verrühren.

Für den Salat beide Orangen schälen, in Scheiben schneiden und auf Tellern verteilen. Die Avocados halbieren, den Kern entfernen und mit einem Löffel vorsichtig aus der Schale lösen. Die Hälften fächern und je ein Viertel ebenfalls auf den Tellern drapieren. Den Schinken locker einrollen und dazulegen.

Das Basilikum waschen, trocken schütteln und grob zerzupfen. Nun alles mit ein paar Pinienkernen und den Basilikumblättern garnieren und mit dem Dressing beträufeln. Fertig ist der bunte und frische Salat.

BROKKOLISALAT

MIT APFEL, CRANBERRYS, MANDELN UND FETA

ZUTATEN FÜR 4 PERSONEN

FÜR DEN SALAT

2 Brokkoli

Olivenöl

Salz, Pfeffer

100 g Mandelstifte

2 Äpfel

50 g Cranberrys

200 g Feta

FÜR DAS DRESSING

1 Bio-Zitrone

1 TL grobkörniger Senf

Salz, Pfeffer

Zucker

6 EL Olivenöl

ZUBEREITUNG

Den Ofen auf 200 °C (Grillstufe) vorheizen.

Den Brokkoli in der Zwischenzeit waschen, trocken schütteln, in einzelne Röschen schneiden und auf ein Backblech ohne Papier geben. Mit Olivenöl beträufeln, salzen und pfeffern und kurz vermengen. Den Brokkoli nun für 7 Minuten in den heißen Backofen (oben) schieben.

In der Zwischenzeit das Dressing zubereiten. Hierfür die Zitrone heiß abwaschen und die Schale mit einer feinen Reibe abreiben. Den Saft auspressen. Beides mit dem Senf verrühren. Salz, Pfeffer und 1 Prise Zucker hinzufügen und mit 6 EL Olivenöl glatt rühren.

Ist der Brokkoli fertig, kannst du den Ofen auf Umluft umstellen und die Mandelstifte 5 Minuten im Ofen rösten.

Den Brokkoli aus dem Ofen nehmen und abkühlen lassen. Lauwarm mit dem Dressing vermengen und auf einer Platte verteilen. Die Äpfel waschen, in feine Spalten schneiden und dazwischenlegen. Mit Cranberrys, den gerösteten Mandelstiften und dem Feta verzieren.

BULGURSALAT

MIT GERÖSTETEM BLUMENKOHL

ZUTATEN
FÜR 4 PERSONEN

FÜR DEN SALAT

1 Blumenkohl

50 ml Speiseöl

Salz

200 g Bulgur

½ Bio-Salatgurke

10 Kirschtomaten

1–2 Lauchzwiebeln

1 Granatapfel

3–4 Blätter Minze

1 Bund Koriandergrün

Pfeffer

gemahlener Kreuzkümmel

FÜR DAS DRESSING

1 Dose Kichererbsen
(400 g Füllgewicht)

1 TL Harissa-Paste

2 EL Olivenöl

1 Knoblauchzehe

3 TL Tahin

50 ml geröstetes Sesamöl

gemahlener Kreuzkümmel

Salz

AUSSERDEM

1 Limette zum Dekorieren

ZUBEREITUNG

Den Ofen auf 230 °C (Grillstufe) vorheizen.

Den Blumenkohl von den äußeren Blättern befreien und in seine Röschen zerteilen. Mit Öl und Salz vermengen, auf ein Backblech ohne Backpapier geben und für 15 Minuten im heißen Ofen (Mitte) rösten.

In der Zwischenzeit den Bulgur nach Anleitung kochen und etwas auskühlen lassen.

Die Gurke waschen und in grobe Streifen schneiden, die Kirschtomaten waschen und vierteln. Die Lauchzwiebeln waschen, putzen und in feine Ringe schneiden. Den Granatapfel pulen, einige Kerne beiseitelegen. Die Minze und den Koriander waschen, trocken schütteln und die Blättchen abzupfen. Die gesamte Minze und die Hälfte des Korianders fein hacken. Den Bulgur nun mit den Lauchzwiebeln und einigen Granatapfelkernen vermengen und mit Salz, Pfeffer und Kreuzkümmel würzen.

Für das Dressing die Kichererbsen unter kaltem Wasser abspülen und in ein hohes Gefäß geben. Mit den übrigen Zutaten und 50 ml Wasser cremig pürieren. Die Limette waschen und vierteln.

Den Bulgursalat nun in einer großen Schale anrichten. Gurken, Tomaten und den Blumenkohl darauflegen und mit dem Dressing begießen. Mit Koriander und den übrigen Granatapfelkernen sowie den Limettenvierteln verzieren.

SPANISH BOWL

MIT TORTILLAS, MANCHEGO, OLIVEN UND MOJO VERDE

ZUTATEN
FÜR CA. 4 PERSONEN

FÜR DIE TORTILLAS

600 g vorwiegend festkochende Kartoffeln

2 Zwiebeln

30 ml Olivenöl

Salz, Pfeffer

8 Eier (Größe M)

1 Msp. geräuchertes Paprikapulver

FÜR DIE MOJO VERDE

1 grüne Paprika

2 Knoblauchzehen

2 Bund Petersilie

2 Bund Koriandergrün

150 ml Olivenöl

60 ml heller Essig

Salz, Pfeffer

Zucker

3–4 Scheiben Weißbrot

FÜR DIE BOWL

1 Salatkopf deiner Wahl

400 g Manchego

200 g Oliven

Kirschtomaten und Salatgurke (nach Belieben)

ZUBEREITUNG

Die Kartoffeln mit Schale in ausreichend Wasser geben, zum Kochen bringen und kochen, bis sie gar sind. Die Kartoffeln etwas auskühlen lassen, dann pellen und in Scheiben schneiden.

Die Zwiebeln schälen, halbieren und ebenfalls in Scheiben schneiden. Eine große Pfanne aufstellen und das Öl darin erwärmen. Die Kartoffeln und Zwiebeln hinzufügen und mit Salz und Pfeffer würzen. Die Eier mit Salz, Pfeffer und Paprikapulver verquirlen und zu den Kartoffeln in die Pfanne geben. Auf mittlerer Hitze bei geschlossenem Deckel ca. 5–6 Minuten garen.

Die Tortilla nun wenden, indem du die Pfanne mit einem großen Teller bedeckst, die Pfanne drehst, sodass die Tortilla auf dem Teller landest und du sie umgedreht wieder in die Pfanne gleiten lassen kannst. Für weitere 5 Minuten garen, anschließend die Tortilla aus der Pfanne nehmen und in Stücke schneiden.

Für die Mojo Verde die Paprika putzen, waschen, in grobe Stücke schneiden und in einen Mixer geben. Den Knoblauch schälen und ebenfalls in den Mixer geben. Petersilie und Koriander waschen, trocken schütteln und die Blätter abzupfen. Das Öl, die Kräuter, den Essig, Salz, Pfeffer und den Zucker dazugeben und alles so lange mixen, bis eine schöne Sauce entstanden ist. Für die Bindung nun das Toastbrot zerzupft in den Mixer geben. Noch einmal mixen und fertig ist deine Mojo.

Den Salat waschen und trocken schleudern. Den Manchego in Scheiben schneiden. Salat in jede Bowl geben, mit Manchego, Oliven und Tortillas belegen und mit der Mojo toppen. Nach Belieben mit Tomaten und Gurke garnieren.

NUDELSUPPE

MIT RINDFLEISCH

ZUTATEN FÜR 4 PERSONEN

400 g Rindfleisch aus der Oberschale
2 EL geschmacksneutrales Öl
100 g Shiitake
2 EL Sojasauce
Salz, Pfeffer
1 Zimtstange
1 Sternanis
1 Bund Lauchzwiebeln
2 Möhren
500 g Vermicelli
1 Bund Koriandergrün
1 Limette zum Servieren
etwas frische Minze

ZUBEREITUNG

Das Rindfleisch in Würfel schneiden. Das Öl in einer Pfanne sehr heiß erhitzen. Das Fleisch nach und nach nur kurz darin anbraten und anschließend beiseitestellen.

Die Shiitake putzen, in Scheiben schneiden und nach dem Rindfleisch in der Pfanne anbraten.

2 Liter kaltes Wasser in einen Topf füllen, das Fleisch mit den angebratenen Pilzen darin zum Sieden bringen. Sojasauce, Salz, Pfeffer, die Zimtstange und den Sternanis hinzugeben und alles für ca. 30–45 Minuten köcheln lassen.

In der Zwischenzeit die Lauchzwiebeln und die Möhren waschen, putzen und in feine Streifen schneiden. Die Vermicelli und die Hälfte der Möhren für die letzten 3 Minuten mit in die Brühe geben und gar kochen. Den Koriander waschen, trocken schütteln und die Blätter abzupfen. Die Stiele fein schneiden und in die Suppe geben. Die Blätter, die restlichen Möhrenstreifen sowie je ein Limettenviertel zum Garnieren verwenden.

LAUCHCREMESUPPE

MIT GAMBAS PIL PIL

ZUTATEN
FÜR 2–3 PERSONEN

3 Stangen Lauch
50 g Butter
50 g Mehl
200 g Sahne
Salz, Pfeffer
1 Msp. gemahlene Muskatnuss
1 Bund glatte Petersilie
2 Knoblauchzehen
1 Chilischote
20 ml Olivenöl
8 rohe Gambas, ohne Schale

ZUBEREITUNG

Den Lauch putzen und vom Strunk befreien. Dann in grobe Ringe schneiden und kräftig mit kaltem Wasser waschen.

Die Butter in einem heißen Topf zum Schmelzen bringen. Den Lauch darin glasig werden lassen, mit dem Mehl bestäuben und unter Rühren mit der Sahne ablöschen. Den Becher 2 x mit Wasser befüllen und ebenfalls in den Topf gießen. Die Suppe nun unter Rühren zum Kochen bringen und mit Salz, Pfeffer und Muskat abschmecken.

Die Petersilie waschen, trocken schütteln und vorerst nur die Stiele fein schneiden (so wie du es sonst vom Schnittlauch kennst) und mit zur Suppe geben. Für ca. 8–10 Minuten köcheln lassen und anschließend pürieren.

Den Knoblauch schälen und in feine Scheiben schneiden. Die Chilischote waschen und ebenfalls in feine Ringe schneiden. Je nach Schärfegrad kannst du hier natürlich entscheiden, wie viel du für dieses Rezept verwenden möchtest. Nun die Petersilienblätter fein hacken.

In einer Pfanne das Olivenöl erhitzen, die Gambas salzen, hineingeben und die Pfanne von der Hitze nehmen. Die Gambas nach 2 Minuten wenden, den Knoblauch und die Chilischote dazu geben. Die Gambas ziehen in der Resthitze des Öls nun durch. Nach weiteren 5 Minuten kannst du die Petersilie dazugeben und alles einmal vermengen.

Die pürierte Suppe anrichten, die Gambas und etwas vom Chili-Knoblauch-Petersilien-Öl auf der Suppe verteilen.

KARTOFFEL-PARMESANSUPPE

ZUTATEN
FÜR 4 PERSONEN

3 Lauchzwiebeln
800 g mehligkochende Kartoffeln
1 Knoblauchzehe
50 g Butter
200 ml Weißwein
150 g Parmesan
800 ml Brühe
500 g Sahne
Salz, Pfeffer
gemahlene Muskatnuss
etwas Zitronensaft
Zucker

ZUBEREITUNG

Von den Lauchzwiebeln die unschönen Enden abschneiden und vom dunkelgrünen Teil ca. 5 cm am Stück abschneiden. Den Rest der Lauchzwiebeln in Ringe schneiden.

Die Kartoffeln und den Knoblauch schälen und grob würfeln. Die Würfel und die Lauchzwiebeln in einem großen Topf in Butter anschwitzen und mit Weißwein ablöschen. Aufkochen und ca. 5 Minuten köcheln lassen.

Die Rinde des Parmesans abschneiden und den Rest fein reiben. Brühe, Sahne und Parmesanrinde zu den Kartoffeln hinzufügen und so lange kochen, bis das Gemüse gar ist. Anschließend Parmesanrinde entfernen und die Suppe pürieren und würzen. Jetzt auch etwas Zitronensaft hinzugeben. Den geriebenen Parmesan hinzufügen und noch einmal pürieren. Mit 1 Prise Zucker und Salz würzen.

Die grünen Enden der Lauchzwiebeln der Länge nach aufschneiden, sodass du ein Quadrat erhältst. Dieses in sehr feine Streifen schneiden und anschließend unter kaltem Wasser abspülen. Die Streifen sollten sich nun kringeln. Diese kannst du als Deko auf deiner Suppe drapieren.

CREMIGE

BROKKOLISUPPE

ZUTATEN FÜR 4 PERSONEN

FÜR DIE SUPPE

Salz

2 Brokkoli (ca. 800 g)

50 g Butter

2 mittelgroße Zwiebeln

50 g Mehl

200 g Sahne

100 g TK-Erbsen

Pfeffer

gemahlene Muskatnuss

1 Schluck Balsamico bianco

1 EL Hefeflocken

FÜR DIE BROTSTANGEN

1 Baguette zum Aufbacken (200 g)

½ Bund Petersilie

1 Knoblauchzehe

50 g weiche Butter

Salz, Pfeffer

Sprossen oder Kresse zum Servieren

ZUBEREITUNG

Einen großen Topf mit kräftig gesalzenem Wasser zum Kochen bringen. In der Zwischenzeit den Brokkoli in Röschen zerteilen. Den Strunk schälen und in Scheiben schneiden. Sobald das Wasser kocht, den gesamten Brokkoli darin ca. 5 Minuten köcheln lassen. Anschließend den Brokkoli aus dem Wasser fischen und in kaltem Wasser abschrecken. 1 l des Fonds auffangen, der Rest wird nicht mehr gebraucht und kann weg.

Die Butter in dem Topf zum Schmelzen bringen. Die Zwiebeln schälen, grob schneiden und in der Butter glasig anbraten. Das Mehl hinzufügen und gut umrühren. Mit dem Brokkolifond aufgießen, die Sahne hinzufügen und unter regelmäßigem Rühren zum Kochen bringen. Den Brokkoli und die Erbsen hinzufügen, wieder zum Kochen bringen und anschließend pürieren. Mit Salz, Pfeffer, Muskat, Essig und Hefeflocken abschmecken.

Für die Brotstangen den Ofen auf 180 °C (Ober-/Unterhitze) vorheizen. Das Baguette in Scheiben schneiden. Die Petersilie waschen, trocken schütteln und fein hacken. Den Knoblauch fein reiben und mit Petersilie, Butter, Salz und Pfeffer zu einer Kräuterbutter verrühren. Die Butter auf eine Seite der Scheiben streichen und für ca. 10 Minuten auf einem Blech mit der Butterseite nach oben goldbraun ausbacken. Die Suppe mit Kresse oder Sprossen dekorieren und das Brot dazureichen.

TIPP

Suppen werden immer cremiger, wenn man sie in einem Standmixer anstatt mit einem Pürierstab püriert.

BLUMENKOHLSUPPE

MIT HASELNUSSÖL, HASELNÜSSEN UND GERÖSTETEN KICHERERBSEN

ZUTATEN FÜR 4 PERSONEN

FÜR DIE SUPPE

2 Blumenkohle

2 Zwiebeln

1 Knoblauchzehe

2 große Kartoffeln

4 EL neutrales Öl

200 g Sahne

Salz, Pfeffer

gemahlene Muskatnuss

FÜR DAS TOPPING

50 g Haselnusskerne

1 EL Sesam

1 Dose Kichererbsen (400 g Füllgewicht)

edelsüßes Paprikapulver

etwas Haselnussöl

etwas Koriandergrün

ZUBEREITUNG

Den Blumenkohl zerkleinern, Zwiebeln, Knoblauchzehe und Kartoffeln schälen und würfeln. Das Öl in einem Topf erhitzen und das Gemüse darin anschwitzen. Die Sahne dazugeben, den Becher 3–4 x mit Wasser auffüllen, bis das Gemüse bedeckt ist. Salzen, pfeffern und 1 große Prise Muskat hinzufügen. Das Gemüse so lange kochen, bis es gar ist.

In der Zwischenzeit das Topping zubereiten. Dazu die Haselnüsse hacken, mit dem Sesam vermengen und in einer Pfanne anrösten. Die Kichererbsen kalt abspülen und in einer Pfanne mit etwas Öl, Salz und Paprikapulver anrösten. Den Koriander waschen, trocken schütteln und die Blätter abzupfen.

Die Suppe pürieren, ggf. noch einmal nachwürzen und auf Tellern drapieren. Mit dem Topping und Koriander verzieren und mit etwas Haselnussöl beträufeln.

TIPP

Dieses Rezept funktioniert auch super in vegan. Tausche einfach die Sahne durch Kokosmilch aus und verwende zur Abwechslung Erdnüsse und Erdnussöl anstelle der Haselnüsse.

HAUPTGERICHTE

LAMMKOTELETTS

MIT AHORNSIRUPGLASUR UND LIMETTENABRIEB

ZUTATEN
FÜR 4 PERSONEN

8 Lammkoteletts
Salz, Pfeffer
2–3 EL Sonnenblumenöl
2 Zweige Rosmarin
70 g Butter
1 Bio-Limette
70 ml Ahornsirup
Meersalzflocken

ZUBEREITUNG

Den Ofen auf 85 °C (Ober-/Unterhitze) vorheizen.

Die Koteletts salzen und pfeffern und in einer heißen Pfanne mit Öl von beiden Seiten scharf anbraten. Die Rosmarinzweige waschen und trocken schütteln. Die Pfanne vom Herd nehmen, eine Flocke Butter und Rosmarin hinzufügen und die Koteletts immer wieder mit der flüssigen Butter übergießen. Für ca. 6 Minuten in den heißen Ofen (Mitte) schieben.

In der Zwischenzeit die Limette heiß abwaschen und die Schale mit einer Reibe abreiben. Die Lammkottelets aus dem Ofen holen, mit Ahornsirup bepinseln, ca. 5 Minuten ruhen lassen und anschließend servieren. Mit etwas Limettenabrieb und grobem Meersalz bestreuen.

TIPP

Hierzu passen als Beilage super die weißen Bohnen in Tomatensauce (S. 122) oder grünen Bohnen mit Mandeln (S. 126) und Hasselback-Kartoffeln (S. 141).

FRIKADELLEN

VON MAMA

ZUTATEN FÜR 4 PERSONEN

1 Zwiebel

½ Bund glatte Petersilie

Öl zum Braten

1 altes Brötchen (alternativ 50 g Paniermehl)

500 g Rinderhackfleisch

Salz, Pfeffer

1 Ei (Größe M)

1 EL Mehl

1 EL Senf

1 TL Tomatenmark

½ TL edelsüßes Paprikapulver

1 TL Kräuter der Provence

ZUBEREITUNG

Die Zwiebel schälen und in sehr feine Würfel schneiden. Die Petersilie waschen, trocken schütteln und fein hacken. Die Zwiebelwürfel in einer Pfanne mit etwas Öl leicht anschwitzen und beiseitestellen, damit sie etwas auskühlen können.

Das alte Brötchen etwas klein schneiden und in Wasser einweichen. Das Hackfleisch in eine Schüssel geben und die Zwiebelwürfel und die Petersilie hinzufügen. Mit Salz und Pfeffer würzen. Ei, Mehl, Senf, Tomatenmark und die Gewürze ebenfalls dazugeben und alles miteinander verkneten. Das Brötchen ausdrücken und in die Hackmasse einkneten. Mit den Händen Frikadellen formen. Eine Pfanne aufstellen, das Öl darin erhitzen und die Frikadellen darin ausbacken.

TIPP

Hierzu passen super der Rahmkohlrabi (S. 118) und Salzkartoffeln. So haben wir es früher immer am liebsten gegessen.

RINDERSCHMORTOPF

MIT KOKOSMILCH UND MANGOLD

ZUTATEN FÜR 4 PERSONEN

FÜR DIE CURRYPASTE

1 rote Zwiebel

1 kleine Chilischote

1 Bund Koriandergrün

1 Stange Zitronengras

50 g Bio-Ingwer

2 Knoblauchzehen

2 TL gemahlener Koriander

2 TL gemahlener Kreuzkümmel

½ TL gemahlener Zimt

Salz, Pfeffer

4 TL Fischsauce

1 EL brauner Zucker

FÜR DEN SCHMORTOPF

50 ml Sonnenblumenöl oder Kokosfett

1,2 kg Rindergulasch

500 ml Rinderbrühe

1 Dose Kokosmilch (400 ml Füllgewicht)

400 g Mangold

1 Limette

2 Lauchzwiebeln

50 g Erdnusskerne

ZUBEREITUNG

Die Zwiebel schälen und vierteln, die Chilischote putzen und waschen. Den Koriander waschen, trocken schütteln und die unteren Stiele abschneiden. Die Blätter für später beiseitelegen. Beim Zitronengras die äußeren Blätter entfernen und den inneren, weicheren Teil klein schneiden. Den Ingwer samt Schale reiben. Den Knoblauch schälen.

Zwiebel, Chili, Korianderstiele, Ingwer und das Zitronengras mit den restlichen Zutaten mithilfe einer Küchenmaschine oder eines Pürierstabs zu einer Paste verarbeiten.

Öl oder Kokosfett in einem Bräter erhitzen und das Gulasch von allen Seiten anbraten. Anschließend die Currypaste hinzufügen und 2–3 Minuten mitbraten. Nun mit der Rinderbrühe und der Kokosmilch aufgießen und etwa 90 Minuten bei geschlossenem Deckel leicht köcheln lassen.

In der Zwischenzeit kannst du den Mangold waschen, putzen, klein schneiden und etwas trocken schleudern. Den Mangold nun ins Curry geben und zusammenfallen lassen. Den Saft der Limette hineinpressen und abschmecken. Die Lauchzwiebeln putzen, waschen und in feine Ringe schneiden. Eintopf mit Erdnüssen, Koriander und den Lauchzwiebeln servieren.

TIPP

Wenn du etwas Zeit sparen möchtest, kannst du hier auch auf fertige Currypaste zurückgreifen.

RUSTIKALER

HÜHNEREINTOPF

Für dieses Rezept erscheint die Zutatenliste auf den ersten Blick recht lang, aber keine Bange, das meiste davon hat man zu Hause. Wenn du noch nie ein ganzes Huhn zerlegt hast, gibt es eine Menge super Videos dazu, wie man da am besten vorgeht. Achte bei deinem Huhn oder Hühnerfleisch vor allem auf die Herkunft und Haltung.

ZUTATEN FÜR 4–5 PERSONEN

1 Huhn (alternativ 4 Keulen und ein paar Flügel)
2 Zwiebeln
4 Kartoffeln
2 Möhren
1 frische Knoblauchknolle
1 Bio-Orange
Salz
etwas Öl zum Braten
200 ml Rotwein
1 Dose passierte Tomaten (400 g Füllgewicht)
1 Bund Koriandergrün
1 Chilischote (nach Belieben)
1 kleines Stückchen Ingwer
1 Zimtstange
2 Sternanis
1 TL geräuchertes Paprikapulver
200 g Kirschtomaten
200 g schwarze Oliven

ZUBEREITUNG

Das Huhn zerlegen und die übrigen Karkassen für Brühe o. Ä. verwenden. Das Gemüse waschen, schälen und würfeln, das muss aber alles nicht besonders fein und gleichmäßig sein. Den Knoblauch der Breite nach zerteilen und die Orange schälen und in Scheiben schneiden.

Die Flügel und Keulen mit Salz bestreuen. Das Öl in einem Topf erhitzen und die Keulen und Flügel darin anbraten, bis sie goldgelb sind. Gemüse und Knoblauch hinzufügen, kurz mit anschwitzen und anschließend mit dem Rotwein ablöschen. Die passierten Tomaten hinzufügen, die Dose noch 1 x mit Wasser auffüllen und ebenfalls in den Topf geben.

Den Koriander waschen, trocken schütteln und die Hälfte inkl. der Stiele fein hacken. Die Chilischote putzen und waschen. Den Ingwer und die Chilischote in Scheiben schneiden und mit dem Zimt, Sternanis, dem Paprikapulver, der Orange sowie dem Koriander in den Topf geben. Die Kirschtomaten waschen, dann im Ganzen auch einfach mit hineinwerfen.

Den Eintopf 45–60 Minuten leicht köcheln lassen, dabei gelegentlich umrühren. Zum Schluss die Brustfilets und die Oliven dazugeben und für weitere 10 Minuten sieden lassen. Nun den Eintopf mit Salz abschmecken, den restlichen Koriander hacken und den Eintopf damit garnieren und servieren.

FLANKSTEAK

ON TOAST MIT CHIMICHURRI

ZUTATEN FÜR 4 PERSONEN

FÜR DAS STEAK

1 Flanksteak (ca. 400 g)

Salz, Pfeffer

3 EL neutrales Öl

FÜR DAS CHIMICHURRI

1 Bund glatte Petersilie

1 Knoblauchzehe

1 Bio-Limette

1 Schalotte

2 Zweige Oregano

1 grüne Chilischote

50 ml Olivenöl

Salz

AUSSERDEM

4 Scheiben Sauerteigbrot

ZUBEREITUNG

Den Ofen auf 120 °C (Ober-/Unterhitze) vorheizen. Das Flanksteak salzen und pfeffern, von beiden Seiten scharf in Öl anbraten und anschließend für 14–16 Minuten im Ofen (Mitte) garen.

In der Zwischenzeit die Sauce zubereiten. Die Petersilie waschen, trocken schütteln und fein hacken, den Knoblauch schälen und mit einer feinen Reibe reiben. Die Limette heiß abwaschen und die Schale ebenfalls mit einer Reibe abreiben. Die Schalotte schälen und in feine Würfel schneiden. Den Oregano waschen, trocken schütteln, die Blätter abzupfen und ebenfalls fein hacken. Die Chilischote putzen, waschen und in feine Streifen schneiden. Anschließend alles miteinander vermengen und Olivenöl sowie Salz hinzufügen.

Das Sauerteigbrot für die letzten 5 Minuten im Ofen mitrösten.

Das Flanksteak gegen die Fasern in Streifen schneiden, auf dem Brot verteilen und das Chimichuri darübergeben.

TIPP | **Hierzu passen super die Dicken Pommes aus dem Ofen von Seite 136.**

CEVAPCICI

MIT ZUCCHINIGEMÜSE

ZUTATEN FÜR 4 PERSONEN

FÜR DIE CEVAPCICI

800 g Rinderhackfleisch

1 Knoblauchzehe

1 Bund glatte Petersilie

Salz, Pfeffer

1 EL Senf

1 Msp. geräuchertes Paprikapulver

etwas Cayenne- oder Chilipulver (nach Belieben)

etwas Öl zum Braten

FÜR DAS ZUCCHINIGEMÜSE

2 Zucchini

1 EL Olivenöl

Salz, Pfeffer

ZUBEREITUNG

Das Hack in eine große Schüssel füllen. Den Knoblauch schälen, fein reiben und dazugeben. Die Petersilie waschen, trocken schütteln, fein hacken und ebenfalls dazugeben. Das Hackfleisch mit den restlichen Zutaten vermengen und mit den Händen zu kleinen Würstchen formen. Diese nun in einer heißen Pfanne mit etwas Öl scharf anbraten.

Die Zucchini waschen, der Länge nach halbieren und diese in Scheiben schneiden. Zucchini in etwas Olivenöl in einer Pfanne anbraten und mit Salz und Pfeffer würzen.

TIPP

Hierzu empfehle ich den Tomatenreis von Seite 130.

FISCHBURGER

MIT HONIG-DILL-SENF-SAUCE

ZUTATEN FÜR 4 PERSONEN

FÜR DIE PATTYS

600 g Kabeljaufilet

1 kleine Zwiebel

1 Bund Petersilie

2 Eier (Größe M)

100 g Panko

Salz, Pfeffer

gemahlene Muskatnuss

etwas Öl zum Braten

FÜR DEN DIP

200 g Schmand

1 EL Senf

1 EL Honig

½ Bund Dill (alternativ 1 EL TK-Dill)

Salz

FÜR DEN BURGER

1 Tomate

1 rote Zwiebel

4 Burger Buns

4 Blätter Salat oder etwas Rucola

4 EL Ketchup

ZUBEREITUNG

Die Kabeljaufilets trocken tupfen und fein hacken. Die Zwiebel schälen und ebenfalls fein hacken. Die Petersilie waschen, trocken schütteln und ebenso fein hacken. Den Kabeljau nun mit den restlichen Zutaten, außer dem Öl, vermengen und zu einer Masse verkneten. Das Öl in einer Pfanne erhitzen und aus der Masse 4 gleich große Pattys formen. Die Pattys in der heißen Pfanne goldbraun braten.

Für den Dip einfach alle Zutaten miteinander vermengen. Die Tomate waschen, vom Strunk befreien und in Scheiben schneiden. Die Zwiebel schälen und ebenfalls in feine Scheiben schneiden.

Die Buns kurz toasten und mit dem Dip sowie Zwiebelringen, Salat und einer Tomatenscheibe belegen. Die Fischfrikadellen darauf platzieren. Jetzt kannst du den oberen Teil des Buns mit etwas Ketchup bestreichen und den Burger servieren.

TIPP

Was hier nicht fehlen darf?
Ganz klar: Pommes! (S. 136)

STRAMMER LACHS

ZUTATEN
FÜR 4 PERSONEN

4 Eier (Größe M)
½ Bio-Zitrone
50 g Sahnemeerrettich
150 g Schmand
Salz, Pfeffer
8 Scheiben Sauerteigbrot
400 g Räucherlachs
2 Zucchini
4 EL Olivenöl
½ Bund Dill

ZUBEREITUNG

Zunächst einen Topf mit Wasser zum Kochen bringen, die Eier vorsichtig hineinlegen und ca. 8 Minuten hart kochen.

Die Zitrone heiß abwaschen, die Schale mit einer Reibe abreiben, den Saft auspressen und diesen beiseitestellen. Sahnemeerrettich und Schmand mit etwas Salz und dem Zitronenabrieb glatt rühren. Die Brote damit bestreichen und die Räucherlachsscheiben darauflegen.

Die Zucchini mithilfe eines Spiralschneiders oder alternativ mit einem Sparschäler in Streifen schneiden. Mit Salz, Pfeffer, dem Zitronensaft und Ölivenöl vermengen. Den Dill waschen, trocken schütteln, fein hacken und unter die Zucchini heben.

Die Eier schälen und vierteln. Den Zucchinisalat auf dem Lachs verteilen, die Eier darauflegen und servieren.

TIPP

Wer noch einen frischen Schärfekick mag, kann die Stullen noch mit etwas Kresse garnieren.

SCHLEMMERFILET

À LA BORDELAISE

ZUTATEN
FÜR 4 PERSONEN

FÜR DIE KRÄUTERKRUSTE

1 Bio-Zitrone

Salz, Pfeffer

1 Knoblauchzehe

2 Schalotten

25 g Panko

1 Bund glatte Petersilie

½ Bund Dill

40 g Parmesan

100 g weiche Butter

AUSSERDEM

4 Fischfilets (z. B. Skrei; ca. 600 g)

ZUBEREITUNG

Den Backofen auf 175 °C (Ober-/Unterhitze) vorheizen.

Die Zitrone heiß waschen und die Schale mit einer Reibe abreiben. Alle Zutaten für die Kräuterkruste in einem Blitzhacker zu einer homogenen Masse verarbeiten, mit der weichen Butter vermengen, auf Größe der Filets ausrollen (am besten auf einem Backpapier) und für 5 Minuten in den Gefrierschrank geben.

Die Filets rundum etwas salzen und anschließend die Kräuterkruste auf den einzelnen Filets verteilen. Im heißen Ofen (Mitte) für 15 Minuten garen.

TIPP

Am besten schmeckt hierzu Omas Gurkensalat von Seite 124.

KARTOFFELGRATIN

MIT ANCHOVIS

ZUTATEN
FÜR 4 PERSONEN

1 kg vorwiegend festkochende Kartoffeln

3–4 Zwiebeln

1 EL Butter + etwas für die Form

800 g Sahne

200 ml Milch

12–14 Anchovisfilets

gemahlene Muskatnuss

Pfeffer aus der Mühle

2 EL Semmelbrösel

ZUBEREITUNG

Den Ofen auf 180 °C (Ober/-Unterhitze) vorheizen. Die Kartoffeln schälen und in Stifte schneiden (so wie Pommes).

Die Zwiebeln schälen, halbieren und in feine Streifen schneiden. Die Butter in einem Topf zum Schmelzen bringen und die Zwiebeln darin anschwitzen. Mit Sahne und Milch aufgießen. 2–3 Anchovis fein hacken und zur Milch-Sahne Mischung geben. Mit Muskat und Pfeffer würzen. Die Kartoffelstifte hinzufügen und alles einmal zum Kochen bringen.

In der Zwischenzeit eine Auflaufform mit Butter einstreichen. Den Boden der Form mit der Kartoffelmasse bedecken, eine Schicht Anchovis darauf verteilen und den Rest der Kartoffeln daraufgeben. Die restlichen Anchovis darauf verteilen und alles mit Semmelbröseln bedecken. Das Gratin für ca. 30 Minuten im heißen Ofen (Mitte) backen, anschließend für 10 Minuten abkühlen lassen.

TIPP

In Schweden isst man dieses Gratin typischerweise an Festtagen. Dazu gibt es geräucherten Lachs und gekochte Eier.

SCHWEDISCHES

KRABBENSANDWICH

ZUTATEN FÜR 8–10 BROTE

FÜR DAS BROT

30 g Butter
270 ml Milch
15 g frische Hefe
6 EL heller Sirup
300 g Weizenmehl (Type 450)
200 g Roggen (Type 1150)
Salz

FÜR DEN BELAG

8 Eier (Größe M)
2 rote Zwiebeln
8 EL Mayonnaise
800 g Krabben
Salz, Pfeffer
1 Bio-Zitrone
2 TL Senf
etwas Kresse oder Dill

ZUBEREITUNG

Die Butter in einem kleinen Topf zum Schmelzen bringen. Mit der Milch aufgießen und den Topf vom Herd nehmen. Die Hefe und den Sirup darin auflösen. Die Mehlsorten und 1 TL Salz in einer großen Schüssel miteinander vermischen und das Hefegemisch dazugeben. Für mindestens 5 Minuten kneten. Nun muss der Teig 1 Stunde abgedeckt an einem warmen Ort gehen, bis sich das Volumen etwa verdoppelt hat. Dann aus der Schüssel nehmen und auf einer bemehlten Arbeitsfläche ca. 1 cm dick ausrollen.

Mithilfe eines Ausstechers oder eines runden Gegenstandes (ca. ⌀ 10 cm) Brote ausstechen und auf ein mit Backpapier belegtes Backblech legen. Mit einer Gabel einstechen. Den übrig gebliebenen Teig wieder zu einer Kugel formen und 15 Minuten ruhen lassen. Im Anschluss neu ausrollen und ausstechen.

Den Ofen jetzt auf 200 °C (Umluft) vorheizen. Die Brote so lange ruhen lassen, bis der Ofen heiß ist und anschließend darin 12–15 Minuten goldbraun backen.

Für den Belag die Eier 7 Minuten in kochendem Wasser kochen. Die Zwiebel schälen und in feine Scheiben schneiden, das geht am besten mit einem Hobel. Die Mayo nun mit dem Abrieb einer Zitrone und etwas Salz und Pfeffer glattrühren, auf dem Brot verstreichen und die Krabben daraufgeben. Die Eier schälen, halbieren und auf den Krabben platzieren, die roten Zwiebelringe daraufgeben und mit Kresse oder Dill dekorieren.

TIPP | **Die Hefebrote lassen sich in den nächsten Tagen super toasten.**

VEGGIE & VEGAN

CREMIGE PASTA

MIT KÜRBIS

ZUTATEN
FÜR 4 PERSONEN

Salz

500 g Pasta deiner Wahl

100 g Hokkaido-Kürbis

1 Knoblauchzehe

50 g Butter

80 ml Weißwein (alternativ Brühe)

200 g Sahne

Pfeffer

100 g geriebener Parmesan

ZUBEREITUNG

In einem Topf kräftig gesalzenes Wasser zum Kochen bringen. Währenddessen den Hokkaido-Kürbis waschen und mit der groben Seite einer Reibe reiben. Den Knoblauch schälen und mit einer feinen Reibe reiben. Die Butter in einer Pfanne zum Schmelzen bringen und darin Kürbis sowie Knoblauch anschwitzen.

Die Nudeln ins kochende Wasser werfen und je nach Sorte 8–12 Minuten al dente – also bissfest – kochen. Den Kürbis mit Weißwein ablöschen, einmal aufkochen lassen, anschließend die Sahne und eine Kelle Pastawasser hinzufügen. Mit Pfeffer würzen und auf niedrigster Stufe leicht köcheln lassen. Nun die Pasta abgießen und direkt in die Sauce geben. Den Parmesan einrühren und sofort servieren.

TIPP

Für einen Crunch in dieser cremigen Angelegenheit kannst du geröstete Kürbiskerne grob hacken und auf der Pasta verteilen.

MARINIERTER TOFU

ZUTATEN
FÜR 2 PERSONEN

FÜR DIE MARINADE

½ Chilischote

1 Bio-Limette

1 Knoblauchzehe

10 g Sesam

1 EL Tomatenmark

1 EL Honig (alternativ Agavendicksaft)

1 EL Speisestärke

1 EL Fischsauce (nach Belieben)

40 ml Sojasauce

AUSSERDEM

400 g Tofu (natur)

Öl zum Braten

Sesam (nach Belieben)

Koriandergrün (nach Belieben)

ZUBEREITUNG

Für die Marinade die Chilischote putzen, waschen und nach Belieben entkernen. Die Limette heiß abwaschen, die Schale mit einer Reibe abreiben und den Saft auspressen. Den Knoblauch schälen, fein hacken und mit dem Limettensaft- und abrieb, Sesam, Tomatenmark, Honig, der Stärke und den Saucen verrühren.

Den Tofu in Würfel schneiden und in einer Pfanne in Öl anbraten. Hier verträgt der Tofu ruhig etwas mehr Öl, damit er knusprig wird. Sobald der Tofu goldbraun ist, die Pfanne von der Hitze nehmen, die Marinade hinzufügen und rühren, bis sie schön eingedickt ist. Nach Belieben mit Sesam und etwas Koriandergrün anrichten.

TIPP | **Der Tofu passt super zu den Grünen Bohnen mit Mandeln (S. 126). Dazu einfach etwas Reis servieren.**

MÖHRENEINTOPF

MIT KOKOSMILCH UND ERDNÜSSEN

ZUTATEN FÜR 4 PERSONEN

800 g Möhren
500 g Kartoffeln
2 Zwiebeln
1 Knoblauchzehe
10 g Bio-Ingwer
1 EL Kokosöl
1 TL gemahlener Kreuzkümmel
1 Msp. gemahlener Zimt
gemahlener Kardamom
½ TL edelsüßes Paprikapulver
Salz, Pfeffer
Chiliflocken (nach Belieben)
1 Dose Kokosmilch (400 ml Füllgewicht)
2 EL Erdnussbutter
1 Bund Koriandergrün
1 Limette
3 EL Kokosflocken
1 Handvoll geröstete Erdnussskerne

ZUBEREITUNG

Die Möhren und die Kartoffeln schälen und in Würfel schneiden. Die Zwiebeln und den Knoblauch schälen und fein hacken. Den Ingwer mit Schale an einer Reibe fein reiben.

Das Kokosöl in einem Topf erhitzen und die Gemüsewürfel sowie die Zwiebeln und den Knoblauch darin anschwitzen. Kreuzkümmel, Ingwer, Zimt, 1 Prise Kardamom, Paprikapulver sowie Salz und Pfeffer dazugeben und 2 Minuten mitrösten. Anschließend mit Kokosmilch ablöschen, die Dose 1–2 x mit Wasser auffüllen und in den Topf gießen, sodass das Gemüse bedeckt ist. Den Eintopf nun so lange köcheln lassen, bis das Gemüse gar ist.

Zum Schluss die Erdnussbutter einrühren. Den Koriander waschen, trocken schütteln, die Blätter abzupfen und grob hacken. Die Limette vierteln. Suppe mit Koriander, Kokosflocken und gehackten Erdnüssen garnieren, Limette dazureichen.

TIPP | **Zum Dippen eignet sich hier super mein Fladenbrot (S. 128).**

HANDGEFORMTE

DICKE PASTA

MIT TOMATENRAGOUT

ZUTATEN FÜR 4 PERSONEN

FÜR DIE PASTA

400 g Weizenmehl (Type 405)

Salz

FÜR DIE SAUCE

5 Knoblauchzehen

150 g getrocknete Tomaten (in Öl)

200 g Kirschtomaten

1 TL Fenchelsamen

2 EL Tomatenmark

Salz, Pfeffer

Zucker

200 g Joghurt

etwas frischer Dill (nach Belieben)

Chiliflocken (nach Belieben)

ZUBEREITUNG

Das Mehl mit 1 TL Salz und 150–180 ml Wasser zu einem festen, glatten Teig verarbeiten und für ca. 30 Minuten im Kühlschrank ruhen lassen.

Die Knoblauchzehen schälen und in Scheiben schneiden. Etwas Öl der getrockneten Tomaten in einer Pfanne erhitzen und die Knoblauchscheiben langsam darin goldbraun braten. Mithilfe einer Schaumkelle den Knoblauch herausnehmen und auf Küchenpapier abtropfen lassen. Die Kirschtomaten waschen und halbieren. Mit den Fenchelsamen in das noch heiße Öl geben und 3–4 Minuten anbraten. Die getrockneten Tomaten in Streifen schneiden und zu den Fenchelsamen geben. Die Kirschtomaten mithilfe einer Gabel etwas zerdrücken. Tomatenmark, Salz, Pfeffer und 1 Prise Zucker zur Sauce geben.

Einen Topf mit Wasser und reichlich Salz zum Kochen bringen. In der Zwischenzeit den Nudelteig auf einer bemehlten Arbeitsfläche ausrollen, mit einem Messer kleine Stückchen abschneiden und diese zu einer 5 cm langen Nudel rollen. In etwa so wie eine dünne Schupfnudel. Die Nudeln im kochenden Wasser kochen, bis sie oben schwimmen. Anschließend direkt aus dem Wasser in die Sauce geben. Etwas Pastawasser zur Sauce geben und alles gut durchschwenken.

Die Nudeln auf Tellern verteilen, mit einem Klecks Joghurt verzieren und den frittierten Knoblauch darauf verteilen. Wer mag, kann die Pasta noch mit Chiliflocken und etwas Dill toppen.

GESTÜRZTE

BLÄTTERTEIGPIZZA

MIT BURRATA

ZUTATEN
FÜR 4 PERSONEN

1 Zucchini
2 rote Paprika
1 Aubergine
200 g Champignons
1 Zwiebel
1 Knoblauchzehe
Olivenöl zum Braten
Salz, Pfeffer
1 Pck. Blätterteig (Kühlregal)
2 EL Tomatenmark
1 Ei (Größe M)
2 Burrata (je 100 g Abtropfgewicht)
einige Oregano-Blätter

ZUBEREITUNG

Den Ofen auf 180 °C (Ober-/Unterhitze) vorheizen. Das Gemüse waschen, putzen und in Scheiben bzw. Stücke schneiden. Zwiebel und Knoblauch schälen und ebenfalls in Scheiben schneiden.

Das geschnittene Gemüse sowie Zwiebeln und Knoblauch in einer Pfanne mit etwas Öl goldbraun anbraten. Eine Auflaufform mit etwas Backpapier auslegen und das Gemüse hineinlegen. Mit Salz und Pfeffer würzen.

Den Blätterteig ausrollen und mit Tomatenmark bestreichen. Die Seite mit dem Tomatenmark nach unten zeigend auf das Gemüse legen. Das Ei verquirlen und den Teig damit bestreichen. Blätterteigpizza für etwa 15 Minuten im heißen Backofen (Mitte) goldbraun backen.

Anschließend die Form mithilfe eines Brettes stürzen. Die Burrata abtropfen lassen und daraufzupfen. Oregano waschen, trocken schütteln und nach Belieben grob hacken. Die Pizza damit bestreuen und mit Olivenöl beträufeln.

BROTFRIKADELLEN

MIT REMOULADE

ZUTATEN
FÜR 4 PERSONEN

FÜR DIE FRIKADELLEN

400 g altes Brot (lecker sind alte Laugenbrötchen)

1 Zwiebel

½ Bund Petersilie

50 g zarte Haferflocken

Salz, Pfeffer

gemahlene Muskatnuss

Öl zum Braten

FÜR DIE REMOULADE

1 kleine Zwiebel

70 ml Sojadrink

½ TL grobkörniger Senf

200 ml Speiseöl

Salz, Pfeffer

1 Gewürzgurke

1 TL Kapern

ZUBEREITUNG

Das Brot grob würfeln und mit ausreichend kochendem Wasser übergießen und ca. 10 Minuten quellen lassen. Anschließend durch ein Sieb geben und etwas abkühlen lassen.

Die Zwiebel schälen und fein hacken. Die Petersilie waschen, trocken schütteln und ebenfalls fein hacken. Etwas Petersilie beiseitestellen und nun alle Zutaten mit dem eingeweichten Brot vermengen und mit Salz, Pfeffer und 1 Prise Muskat würzen. Mit angefeuchteten Händen Frikadellen formen.

Den Ofen auf 180 °C (Ober-/Unterhitze) vorheizen. Das Öl in einer Pfanne erhitzen und die Frikadellen darin ausbacken. Diese nun für 10 Minuten im heißen Ofen (Mitte) fertig backen.

In der Zwischenzeit die Remoulade zubereiten. Dafür die Zwiebel schälen. Den Sojadrink und den Senf in ein hohes Gefäß geben und mit dem Pürierstab einmal durchmixen. Nun unter Pürieren das Öl langsam einfließen lassen. Anschließend mit Salz und Pfeffer würzen. Die Petersilie waschen, trocken schütteln, die Blättchen abzupfen und grob zerkleinern. Die Zwiebel in nicht zu feine Würfel schneiden, die Gewürzgurke halbieren und mit den Kapern einfach in die vegane Mayonnaise pürieren. Noch einmal mit Salz und Pfeffer abschmecken und zu den Frikadellen servieren.

GERÖSTETER

WEISSKOHL

ZUTATEN FÜR 4 PERSONEN

FÜR DIE MARINADE

50 ml Olivenöl

50 g Honig (alternativ Agavendicksaft oder Sirup)

Chiliflocken (nach Belieben)

Salz, Pfeffer

1 Knoblauchzehe

10 g frischer Ingwer

1 Limette

FÜR DEN WEISSKOHL

1 Weißkohl

250 g Kirschtomaten

100 g griechischer Joghurt

50 g geröstete Pinienkerne

geräuchertes Paprikapulver

ZUBEREITUNG

Den Ofen auf 200 °C (Ober-/Unterhitze) vorheizen.

Das Olivenöl und den Honig in einen kleinen Topf geben. Chiliflocken, Salz und Pfeffer hinzufügen. Den Knoblauch und Ingwer schälen und reiben. Die Limette auspressen. Knoblauch, Ingwer und Limettensaft wandern ebenfalls in den Topf. Die Marinade nun leicht erwärmen.

Den Weißkohl waschen, je nach Größe vierteln oder achteln und auf ein Backblech legen. Mit etwas Marinade übergießen und für 1 Stunde im heißen Ofen (Mitte) backen. Nach den ersten 30 Minuten das Blech einmal herausnehmen und die Marinade mit einem Löffel in die nun offenen Spalten des Kohls gießen. Nach weiteren 30 Minuten das Blech erneut aus dem Ofen nehmen, den Vorgang mit den Marinade wiederholen und nun die Tomaten um den Kohl herum verteilen. Für weitere 15 Minuten backen. Nach Ende der Garzeit das Blech aus dem Ofen nehmen und die Tomaten leicht zerdrücken, sodass sich ihre Flüssigkeit mit der Marinade vermischt.

Den Kohl nun auf einem Teller zusammen mit den Tomaten anrichten. Ein wenig der entstandenen Flüssigkeit darüber träufeln und mit einem Klecks Joghurt und den Pinienkernen toppen. Die Joghurtkleckse mit 1 Prise Paprikapulver bestreuen.

TIPP

Probier hierzu doch mal die grünen Perlgraupen (S. 132).

GRÜNKERN-BRATLINGE

ZUTATEN FÜR 4 PERSONEN

250 g Grünkernschrot
450 ml Gemüsebrühe
1 Zwiebel
1 Knoblauchzehe
1 Möhre
½ Bund Petersilie
2 Eier (Größe M)
Salz, Pfeffer
60 g Haferflocken
50–100 g Semmelbrösel
Sonnenblumenöl zum Braten

ZUBEREITUNG

Den Grünkernschrot in eine Schüssel geben. Die Brühe einmal aufkochen, über den Grünkernschrot gießen und etwa 20 Minuten quellen lassen.

Nun die Zwiebel und den Knoblauch schälen und in feine Würfel schneiden. Die Möhre ebenfalls schälen und mithilfe einer Küchenreibe fein raspeln. Die Petersilie waschen, trocken schütteln und fein hacken.

Den eingeweichten Grünkernschrot nun mit allen Zutaten vermengen und weitere 10 Minuten ziehen lassen. Mit leicht angefeuchteten Händen aus der Masse Bratlinge formen.

Eine Pfanne aufstellen und so viel Öl hineingeben, dass der Boden der Pfanne damit bedeckt ist. Dann die Bratlinge darin goldbraun ausbacken.

TIPP

Grünkernschrot ist nicht immer so leicht zu finden. In diesem Fall kannst du die ganzen Körner auch zu Hause selbst in einem Blitzhacker oder einer Kaffeemühle schroten. Hierzu passt der Pilzrahm von Seite 112 supergut.

GRÜNE PASTA

MIT SPINAT UND CANNELLINI-BOHNEN

ZUTATEN
FÜR 2 PERSONEN

160 g Spaghetti

1 Bio-Zitrone

1 Knoblauchzehe

½ Chilischote

1 Dose Cannellini-Bohnen (400 g Füllgewicht)

125 g Babyspinat

2 EL Olivenöl

Salz, Pfeffer

AUSSERDEM

Chiliflocken

100 g Schafskäse (nach Belieben)

ZUBEREITUNG

Für die Pasta einen großen Topf mit Wasser und reichlich Salz zum Kochen bringen. Sobald das Wasser kocht, kannst du die Pasta ins Wasser geben und kochen, bis sie al dente ist.

Für die Sauce brauchst du am besten einen Standmixer. Die Zitrone heiß abwaschen, die Schale mit einer Reibe abreiben und beiseitestellen. Von einer Hälfte den Saft auspressen. Den Knoblauch schälen. Die Chilischote putzen, waschen und klein schneiden. Die Bohnen unter kaltem Wasser abspülen und in den Mixer geben. Babyspinat, Knoblauch und Olivenöl sowie Saft der halben Zitrone, Salz, Pfeffer, Chili und ein Schluck Wasser zu den Bohnen in den Mixer geben. Nun alles zu einer feinen Sauce pürieren. Bei Bedarf noch etwas Wasser hinzugeben.

Die Sauce in eine große Pfanne füllen, die Pasta direkt aus dem Wasser in die Sauce geben und kurz verrühren. Auf einem Teller anrichten und mit dem Zitronenabrieb sowie den Chiliflocken garnieren. Wer mag, bröselt noch etwas Schafskäse über die Pasta.

GRAUPENRISOTTO

MIT BUNTEN PILZEN UND RUCOLA

ZUTATEN
FÜR 4 PERSONEN

FÜR DAS RISOTTO

2 Schalotten

etwas Öl

400 g Graupen

125 ml Weißwein (alternativ mehr Gemüsebrühe)

1 l Gemüsebrühe

40–50 g geriebener Parmesan

50 g kalte Butter

FÜR DIE BEILAGE

200 g gemischte Pilze (z. B. Austernpilze, Shiitake, Champignons)

Salz, Pfeffer

125 g Rucola

gehobelter Parmesan zum Garnieren

ZUBEREITUNG

Die Schalotten schälen, fein schneiden und in etwas Öl in einer tiefen Pfanne oder einem Topf mit schwerem Boden anschwitzen. Die Graupen hinzufügen, kurz mit anschwitzen und mit dem Weißwein ablöschen. Unter ständigem Rühren den Weißwein einkochen. Wenn die Flüssigkeit so gut wie verkocht ist, diesen Vorgang mit der Gemüsebrühe mehrmals wiederholen, bis die Brühe aufgebraucht ist und die Graupen den richtigen Garpunkt (noch ein leichter Biss) erreicht haben. Dann den Parmesan hinzufügen und zum Schluss noch die kalte Butter in Stückchen unterheben.

Nebenbei die Pilze putzen und grob zerkleinern. Austerpilze kannst du einfach der Länge nach zerreißen, Champignons vierteln, Shiitake in breite Streifen schneiden. Den Rucola waschen, trocken schleudern und bei Bedarf grob zerkleinern. Etwas Öl in einer Pfanne erhitzen. Wichtig: Die Pfanne muss sehr heiß sein. Die Pilze dazugeben und scharf anbraten. Erst salzen und pfeffern, wenn sie schon Farbe bekommen haben. Dann unmittelbar auf dem Graupenrisotto anrichten und mit etwas Rucola und grob gehobeltem Parmesan verzieren.

ZIEGENKÄSETARTE

MIT KARAMELLISIERTEN ZWIEBELN

ZUTATEN FÜR EINE Ø 26 CM TARTEFORM

FÜR DEN TEIG

300 g Mehl (Type 405)

100 g Butter (alternativ pflanzliche Margarine)

Salz

FÜR DIE ZWIEBELN

6 Schalotten

3 EL Öl

3 EL brauner Zucker

3 EL Aceto balsamico

FÜR DIE FÜLLUNG

400 g Ziegenkäserolle

2 Zweige Thymian

3 Eier (Größe M)

200 g Frischkäse

100 ml Milch

40 g Speisestärke

Salz, Pfeffer

1 EL Zucker

ZUBEREITUNG

Für den Teig das Mehl mit der Butter (oder Margarine), etwas Salz und 120 ml Wasser zu einem geschmeidigen Teig verkneten und anschließend rund ausrollen. Den Teig in eine beschichtete Tarte- oder Kuchenform geben und den Rand etwas andrücken, sodass er an der Form hält. Anschließend wandert das Ganze erstmal in den Kühlschrank. Du kannst den Ofen schon mal auf 180 °C (Ober-/Unterhitze) vorheizen und dich währenddessen an die Füllung machen.

Hierzu die Schalotten schälen, halbieren und mit etwas Öl in einer Pfanne goldbraun werden lassen. Anschließend mit braunem Zucker bestreuen und leicht karamellisieren lassen. Die Pfanne vom Herd nehmen und mit Aceto balsamico ablöschen.

Die Ziegenkäserolle in Würfel schneiden. Den Thymian waschen, trocken schütteln und Blättchen abzupfen. Ein Ei trennen und das Eiweiß zusammen mit den anderen Eiern und den restlichen Zutaten zu einer geschmeidigen Masse verrühren. Wenn noch einige Käsestücke zu sehen sind, ist das gar nicht schlimm.

Die Masse in die vorbereitete Form gießen, die Zwiebeln hineinsetzen, den Rand mit dem Eigelb einstreichen und für ca. 45 Minuten im heißen Backofen (unten) goldbraun backen. Anschließend auskühlen lassen, bis der Kuchen nur noch lauwarm ist.

TIPP

Alternativ kannst du hier auch auf einen fertigen Quicheteig zurückgreifen.

MAIS-FRITTERS

ZUTATEN
FÜR 6–7 STÜCK

FÜR DIE FRITTERS

1 Dose Mais (150 g Füllgewicht)

4–5 eingelegte Jalapeños

80 g Cheddar

1 Schalotte

FÜR DEN TEIG

150 g Weizenmehl (Type 405)

75 g Magerquark

1 Ei (Größe M)

Paprikapulver

Cayennepfeffer

Salz

AUSSERDEM

Öl zum Ausbacken

ZUBEREITUNG

Den Mais mit kaltem Wasser abspülen. Die Jalapeños fein hacken. Den Cheddar in kleine Würfel schneiden, die Schalotte schälen und fein würfeln.

Aus den restlichen Zutaten einen Teig herstellen. Den Mais und die Chili-, Käse- und Schalottenwürfel unter den Teig heben.

So viel Öl in eine heiße Pfanne geben, dass der Boden bedeckt ist. Den Teig mit feuchten Händen zu kleinen Fladen formen und in der Pfanne bei mittlerer Hitze goldbraun ausbacken.

TIPP

Wer mag, kann den Teig auch mit frischen, gehackten Kräutern verfeinern. Als Dip kannst du einfach Saure Sahne reichen.

BEILAGEN

WALNUSS-HONIG-CREME

ZUTATEN
FÜR 3-5 PERSONEN

100 g Walnusskerne
400 g Quark
200 g Ricotta
10 g Honig
Salz, Pfeffer
½ Bund Lauchzwiebeln

ZUBEREITUNG

Die Walnüsse grob hacken und in einer Pfanne ohne Fett anrösten. Den Quark mit dem Ricotta, Honig, Salz und Pfeffer glatt rühren. Die Lauchzwiebeln waschen, trocken schütteln und in feine Ringe schneiden und mit den Walnüssen unter die Creme rühren. Am besten für 1–2 Stunden durchziehen lassen.

TIPP | **Dieses Rezept passt super zu den Hasselback- Kartoffeln (S. 142). Dazu ein Salat und fertig ist ein einfaches Abendessen.**

GERÖSTETE

LAUCHBUTTER

ZUTATEN FÜR 3-5 PERSONEN

1 Stange Lauch
30 ml Sonnenblumenöl
250 g Butter (Zimmertemperatur)
Salz

TIPP | **Diese Lauchbutter passt super zum Grillen oder einfach so zum Dippen von Kartoffeln.**

ZUBEREITUNG

Den Lauch vom Strunk befreien, der Länge nach halbieren und in feine Ringe schneiden. Diese gründlich waschen und gut abtropfen lassen. Das Öl nun in einer Pfanne erhitzen und den Lauch darin anrösten, bis er eine schöne Farbe bekommen hat. Anschließend aus der Pfanne nehmen und auf einem Teller gut abkühlen lassen.

Währenddessen die Butter mit ½ TL Salz schaumig schlagen, am besten mit einer Küchenmaschine. Nun den abgekühlten, gerösteten Lauch dazugeben und gut unter die Butter rühren.

PAPRIKASAUCE

ZUTATEN
FÜR 3-5 PERSONEN

2 rote Paprika
2 EL Olivenöl
1 EL heller Essig
Salz, Pfeffer
Zucker
½ Bund Koriandergrün
1 kleine Knoblauchzehe

ZUBEREITUNG

Den Ofen auf Grillstufe vorheizen. Die Paprika putzen, waschen und vierteln. Mit der Hautseite nach oben zeigend auf ein Backblech legen und für ca. 10 Minuten grillen, bis die Haut größtenteils schwarz geworden ist. Anschließend die Paprika leicht auskühlen lassen und die schwarze Haut einfach abziehen.

Die Paprika nun in feine Streifen schneiden und mit Olivenöl, Essig, Salz, Pfeffer und Zucker vermengen. Den Koriander waschen, trocken schütteln und die Blätter abzupfen. Den Knoblauch schälen. Beides fein hacken und dazugeben. Alles vermengen und etwas ziehen lassen.

TIPP

Passt gut zu den Lammkoteletts.

KICHERERBSEN-SMASH

ZUTATEN
FÜR 3-5 PERSONEN

1 Dose Kichererbsen
(400 g Füllgewicht)

1 Bund Koriandergrün

1 kleine Zwiebel

3 EL Olivenöl

Salz, Pfeffer

gemahlener Kreuzkümmel

1 EL Tahin

1 Limette

Rote Bete Sprossen (nach Belieben)

ZUBEREITUNG

Die Kichererbsen in ein Sieb gießen und klar abspülen. Anschließend in ein flaches Gefäß geben und mithilfe eines Kartoffelstampfers oder einer Gabel zerdrücken.

Den Koriander samt Stiele waschen, trocken schütteln und fein hacken, die Zwiebel schälen und fein würfeln und beides zu den Kichererbsen geben. Mit Olivenöl, Salz, Pfeffer, 1 Prise Kreuzkümmel, Tahin und dem Saft der Limette abschmecken. Nach Belieben mit Rote Bete Sprossen dekorieren.

SCHNELLE, EINFACHE

HOLLANDAISE

ZUTATEN
FÜR CA. 4 PERSONEN

250 g Butter
2 Eigelbe
1 Ei (Größe M)
1 TL Senf
1 EL Crème fraîche
1 guter Schuss heller Essig
1 Spritzer Zitronensaft
Zucker

ZUBEREITUNG

Die Butter in einem Topf schmelzen. In einem hohen Gefäß die restlichen Zutaten mit 1 Prise Zucker verrühren. Nun die Butter langsam mithilfe eines Stabmixers einmixen.

TIPP

Die Sauce passt total gut zu Marktgemüse oder Fischgerichten.

SENFSAUCE

ZUTATEN FÜR CA. 4 PERSONEN

30 g Butter
30 g Mehl
200 ml Milch
100 ml Brühe
1 EL grobkörniger Senf
2–3 EL mittelscharfer Senf
Salz, Pfeffer
Zucker
gemahlene Muskatnuss

ZUBEREITUNG

Die Butter in einem Topf schmelzen, das Mehl einrühren und mit der Milch und der Brühe aufgießen. Die Sauce unter Rühren einmal zum Kochen bringen. Den Senf einrühren und mit Salz, Pfeffer, Zucker und Muskatnuss abschmecken.

TIPP | **Diese Sauce passt herrlich zu Eier- oder Fischgerichten.**

PILZRAHM

ZUTATEN
FÜR CA. 4 PERSONEN

250 g braune Champignons
1 Zwiebel
50 g Butter
200 g Sahne
200 ml Brühe
1 Zweig Rosmarin
1 Lorbeerblatt
Salz, Pfeffer
1 EL Speisestärke

ZUBEREITUNG

Die Pilze putzen und vierteln. Die Zwiebel schälen und in feine Würfel schneiden. Die Butter in einem Topf oder einer Pfanne zum Schmelzen bringen und Pilze und Zwiebel darin anbraten.

Wenn alles etwas Farbe bekommen hat, mit Sahne und Brühe ablöschen und zum Kochen bringen. In der Zwischenzeit den Rosmarinzweig waschen und trocken schütteln. Das Lorbeerblatt sowie den Rosmarinzweig dazugeben und mit Salz und Pfeffer abschmecken.

Die Stärke mit etwas kaltem Wasser glatt rühren und in die kochende Pilzsauce geben. Unter Rühren 3 Minuten kochen und anschließend vom Herd nehmen.

ZWIEBELSAUCE

MIT DUNKELBIER

ZUTATEN
FÜR CA. 4 PERSONEN

4 Zwiebeln
10 g Butter
10 g Mehl
10 g Tomatenmark
330 ml Schwarzbier
300 ml Brühe
1 Lorbeerblatt
1 EL Honig
2 EL Aceto Balsamico
Salz, Pfeffer

ZUBEREITUNG

Die Zwiebeln schälen, halbieren und in Streifen schneiden. Die Butter in einer großen Pfanne schmelzen und die Zwiebeln darin anbraten, bis sie schön braun geworden sind. Mehl und Tomatenmark hinzufügen und verrühren. Mit Schwarzbier ablöschen und ca. 10 Minuten köcheln lassen. Die Brühe und das Lorbeerblatt hinzufügen und so lange köcheln lassen, bis die Sauce eine schöne, dickliche Konsistenz bekommen hat. Nun den Honig und den Balsamico hinzufügen und mit Salz und Pfeffer abschmecken.

TIPP

Die herbe, leicht bittere Sauce passt perfekt zu Schweinefleisch oder deftigen Gerichten.

FEIGENSALAT

ZUTATEN
FÜR 2 PERSONEN
ALS BEILAGE

200 g Walnusskerne
6 Feigen
1 Zitrone
2 EL Honig
etwas Olivenöl
Salz, Pfeffer
½ Bund Petersilie

ZUBEREITUNG

Die Walnüsse grob hacken und in einer Pfanne ohne Fett anrösten. Dann auf einem Küchentuch oder Teller abkühlen lassen.

Die Feigen in der Zwischenzeit waschen, trocken tupfen und in Viertel schneiden.

Die Zitrone auspressen, den Saft mit Honig, Olivenöl, Salz und Pfeffer verrühren und die Feigen damit begießen. Die Petersilie waschen, trocken schütteln und hacken. Zusammen mit den gerösteten Walnüssen unter die Feigen heben.

TIPP

Dieser Salat passt hervorragend zur Ziegenkäsetarte auf Seite 100.

PICKLED ONIONS/ VEGGIES

ZUTATEN FÜR 3 ZWIEBELN/ 300 G GEMÜSE

FÜR DEN GRUNDSUD

1 TL Salz

2 EL Zucker

70 ml Apfelessig

2 Lorbeerblätter

1 EL Senfkörner

1 TL Pfefferkörner

AUSSERDEM

3 rote Zwiebeln (alternativ anderes Gemüse nach Wahl)

ZUBEREITUNG

Alle Zutaten für den Sud einfach mit 100 ml Wasser einmal aufkochen lassen.

Nun geht es darum, welches Gemüse du einlegen möchtest. Mein Lieblings-Allrounder sind hier gepickelte rote Zwiebeln. Dafür einfach 3 rote Zwiebeln schälen und in feine Ringe schneiden, am besten mit einem Hobel. Diese mit dem Sud übergießen und am besten über Nacht ziehen lassen.

TIPP

Die Zwiebeln halten sich in einem geschlossenen, sauberen Gefäß mehrere Wochen und schmecken super zu Salaten, Dips und herzhaften Gerichten als besondere Note. Bei festerem Gemüse, wie zum Beispiel Möhren oder Radieschen, kannst du das Gemüse in die gewünschte Form bringen und einfach von Anfang an mit im Sud kochen. Aber nicht zu lange, sonst verdampft der Essig und einen schönen Biss darf es auch noch haben.

RAHMKOHLRABI

ZUTATEN
FÜR 4 PERSONEN

2 Kohlrabis
50 g Butter
50 g Mehl
200 g Sahne
gemahlene Muskatnuss

ZUBEREITUNG

Einen mittelgroßen Topf mit Salzwasser zum Kochen bringen. Den Kohlrabi schälen und in 1 x 1 cm große Würfel schneiden. Die Kohlrabiwürfel in das kochende Wasser geben und ca. 5 Minuten bissfest garen. Anschließend mit einer Kelle aus dem Topf holen.

Die Butter in einem kleinen Topf schmelzen. Das Mehl hinzufügen und umrühren, sodass keine Klumpen entstehen. Mit der Sahne aufgießen und 200 ml des Kohlrabiwassers dazugeben. Die Sauce unter ständigem Rühren köcheln lassen, da sie sehr schnell anbrennt. Mit Salz, Pfeffer und 1 Prise Muskat abschmecken. Zum Schluss die Kohlrabiwürfel in die Béchamelsauce geben.

TIPP

Diese Beilage passt schön zu den Frikadellen von Seite 56 oder den Grünkernbratlingen von Seite 94.

ROSENKOHL

AUS DEM OFEN

ZUTATEN
FÜR 2 PERSONEN

FÜR DEN ROSENKOHL

400 g Rosenkohl (frisch oder TK)

2 EL Öl

Salz, Pfeffer

geriebene Muskatnuss

FÜR DIE KRUSTE

2 EL Butter

Salz

2 EL Panko

2 EL gehackte Haselnusskerne

ZUBEREITUNG

Den Ofen auf 180 °C (Umluft) vorheizen. Den frischen Rosenkohl von den äußeren Blättern befreien und vierteln. Bei TK-Ware kannst du den aufgetauten Rosenkohl einfach ganz lassen. Den Rosenkohl mit Öl, Salz, Pfeffer und 1 Prise Muskat vermengen und auf einem Backblech verteilen. Diesen nun für ca. 12 Minuten im heißen Backofen (Mitte) backen.

In der Zwischenzeit die Butter schmelzen, 1 Prise Salz, Panko und die gehackten Haselnüsse dazugeben. Diese für ca. 5 Minuten in der heißen Butter bräunen und anschließend auf dem gebackenen Rosenkohl verteilen.

TIPP

Dieser schnelle, leckere Rosenkohl passt schön zu den Lammkoteletts (S. 54) oder lässt sich auch gut als Salattopping verwenden.

WEISSE BOHNEN

IN TOMATENSAUCE

ZUTATEN
FÜR 2 PERSONEN

1 Zwiebel

2 EL Öl

2 EL Zucker

1 Msp. gemahlener Kreuzkümmel

1 Schluck heller Essig

1 Dose passierte Tomaten (400 g Füllgewicht)

1 Dose weiße Riesenbohnen (240 g Abtropfgewicht)

½ Bund Petersilie

Salz, Pfeffer

ZUBEREITUNG

Die Zwiebel schälen und in feine Würfel schneiden. Das Öl in einer Pfanne erhitzen und die Zwiebel darin glasig werden lassen. Mit Zucker bestreuen und diesen leicht karamellisieren lassen. Den Kreuzkümmel hinzufügen, mit hellem Essig ablöschen, die Hitze reduzieren und die passierten Tomaten hinzufügen. Die Sauce leicht köcheln lassen.

Die Bohnen unter kaltem Wasser abspülen und zur Sauce geben. Die Petersilie waschen und trocken schütteln. Blättchen abzupfen und fein hacken, die Stiele in feine Ringe schneiden. Beides zu den Bohnen geben und mit Salz und Pfeffer abschmecken.

OMAS

GURKENSALAT

Zu dem merkwürdigen Schichtsalat mit buntem Allerlei aus Konserven, zuckersüßem Eisberg mit Mandarinen und Kartoffelsalat, der mehr aus Mayo als allem anderen bestand, gab es bei meiner Oma auch diesen Gurkensalat. Ähnlich gehaltvoll wie die anderen Salate von Omas Büffet, aber der absolute Lieblingssalat von meiner Schwester und mir. Cremig, säuerlich, süßlich ... Ach, was haben wir diesen Salat geliebt.

ZUTATEN FÜR 2 PERSONEN

1 Bio-Salatgurke
Salz, Pfeffer
1 Bund Dill
1 EL Zucker
100 g Sahne
2 EL Essig
4 EL Öl

ZUBEREITUNG

Die Gurke waschen, in dünne Scheiben schneiden und mit Salz und Pfeffer würzen. Etwas stehen lassen.

Den Dill waschen, trocken schütteln und fein hacken. Mit den übrigen Zutaten zu den Gurken geben und abschmecken.

TIPP

Omis Gurkensalat gab es früher immer zu dem leckeren Schlemmerfilet à la Bordelaise (S. 70).

GRÜNE BOHNEN

MIT MANDELN UND KNOBLAUCH

ZUTATEN
FÜR 2 PERSONEN

Salz

300 g grüne Bohnen (frisch oder TK)

30 g Butter

2 Knoblauchzehen

1 Bio-Zitrone

100 g geröstete Mandelblättchen

50 g geriebener Parmesan (nach Belieben)

Pfeffer

Zucker

ZUBEREITUNG

Einen Topf mit gesalzenem Wasser zum Kochen bringen. Die Bohnen von den Enden befreien und im Wasser für 4–5 Minuten blanchieren. Etwas vom Wasser abschöpfen, den Rest abgießen und die Bohnen mit der Butter in eine heiße Pfanne geben.

Den Knoblauch schälen und mithilfe einer Reibe über die Bohnen reiben. Die Zitrone heiß abwaschen und mit einer Reibe die Schale abreiben. Diese mit 2–3 EL des Blanchierwassers mit in die Pfanne geben. Die Mandeln und den Parmesan dazugeben, alles gut miteinander vermengen, mit Salz, Pfeffer und 1 Prise Zucker abschmecken.

EINFACHES

FLADENBROT

ZUTATEN
FÜR CA. 6 PERSONEN

1 kg Mehl
Salz
½ Würfel frische Hefe (21 g)
etwas Schwarzkümmel
grobe Meersalzflocken
Öl für das Backblech

ZUBEREITUNG

Das Mehl und 1 TL Salz in eine große Schüssel oder eine Küchenmaschine geben. Die Hefe in 600 ml lauwarmem Wasser auflösen. Das Hefe-Wassergemisch nun zum Mehl geben und alles zu einem glatten Teig verrühren. Der Teig darf ruhig eher klebrig als trocken sein und muss nun ca. 45 Minuten gehen.

Eine saubere Arbeitsfläche mit Mehl bestäuben und den Teig daraufgeben. Den Teig noch einmal rund kneten und zu einer Kugel formen. Aus der Kugel kannst du jetzt ganz einfach einen schönen Fladen formen. Der Rand darf dabei ruhig etwas dicker bleiben. In der Mitte nun mit den Fingerspitzen die typischen Fladenbrotkerben eindrücken.

Ein Backblech mit Backpapier auslegen und dieses etwas einfetten (einfach mit einem Küchentuch oder einem Pinsel und etwas Speiseöl). Das Fladenbrot darauflegen und mit einem Handtuch bedeckt erneut 30 Minuten gehen lassen. Den Ofen in der Zwischenzeit auf 200 °C (Ober/-Unterhitze) vorheizen.

Das Brot mit Wasser bepinseln, den Schwarzkümmel und das grobe Meersalz darüberstreuen und für ca. 20 Minuten im heißen Backofen (Mitte) goldbraun backen.

TOMATENREIS

ZUTATEN
FÜR 4 PERSONEN

1 Zwiebel

1 Knoblauchzehe

50 g Butter

250 g Langkornreis

1 Dose stückige Tomaten (400 g Füllgewicht)

Salz, Pfeffer

Zucker

1 TL getrocknete Kräuter der Provence

400 ml Brühe

ZUBEREITUNG

Die Zwiebel und die Knoblauchzehe schälen und in feine Würfel schneiden. Die Butter in einem Topf zum Schmelzen bringen und die Würfel darin anschwitzen. Den Reis hinzufügen und ebenfalls kurz mit anschwitzen.

Die Dosentomaten, Salz, Pfeffer, 1 Prise Zucker, die Kräuter und die Brühe nun dazugeben und den Reis unter Rühren zum Kochen bringen. Wenn er kocht, den Herd auf kleinste Stufe stellen und den Reis mit geschlossenem Deckel ca. 20 Minuten ziehen lassen. Gelegentlich umrühren.

GRÜNE

PERLGRAUPEN

ZUTATEN
FÜR 4 PERSONEN

200 g Perlgraupen
Salz
1 Zitrone
125 g Babyspinat
50 ml Olivenöl
Pfeffer

ZUBEREITUNG

Die Graupen in einem Topf mit reichlich gesalzenem Wasser für 15 Minuten kochen.

In der Zwischenzeit die Zitrone auspressen. Den Spinat waschen und mit dem Olivenöl und dem Saft der Zitrone sowie Salz und Pfeffer und einem Schluck Wasser pürieren.

Die Graupen nun abgießen und wieder in den Topf füllen. Die grüne Masse unter die gekochten Perlgraupen geben und 5 Minuten mit geschlossenem Deckel ziehen lassen.

SPÄTZLE

ZUTATEN FÜR 4 PERSONEN

Salz
2 EL Butter
2 EL Semmelbrösel
500 g Mehl
3 Eier (Größe M)
geriebene Muskatnuss

ZUBEREITUNG

Einen großen Topf mit gesalzenem Wasser aufsetzen. Die Butter in einem zweiten Topf zum Schmelzen bringen. Die Semmelbrösel hinzufügen und kurz in der Butter rösten. Den Topf beiseitestellen und etwas abkühlen lassen.

Die übrigen Zutaten mit 250 ml Wasser in eine große Rührschüssel geben (oder eine Küchenmaschine), die Butterbrösel hinzufügen und alles mit einem Kochlöffel 8–10 Minuten zu einem glatten Teig verrühren. Dabei schlagende Bewegungen machen, sodass viel Luft in den Teig kommt.

Die Spätzle mithilfe einer Presse ins kochende Wasser pressen. Schwimmen die Spätzle oben, sind sie fertig. Dann kannst du sie abschöpfen und den übrigen Teig ins Wasser pressen. Bis zum Servieren warm halten.

TIPP

Mit gerösteten Zwiebeln, Schnittlauch und, wer mag, etwas Käse servieren.

DICKE POMMES

AUS DEM OFEN

ZUTATEN
FÜR 2 PERSONEN

Salz
400 g festkochende Bio-Kartoffeln
Pfeffer
Paprikapulver
1 EL Speisestärke
2 EL Sonnenblumenöl

ZUBEREITUNG

Einen Topf mit gut gesalzenem Wasser zum Kochen bringen. Die Kartoffeln waschen und mit Schale in daumenbreite Pommes schneiden.

Die Pommes für ca. 5 Minuten im Wasser blanchieren, abgießen und auf einem Handtuch gut abtrocknen. Den Ofen auf 220 °C (Umluft) vorheizen. Die Kartoffeln nun in eine Schale geben und mit den Gewürzen, der Speisestärke und dem Öl vermengen.

Die Pommes nun gut ausgebreitet auf einem Backblech verteilen und für ca. 20 Minuten im heißen Ofen (Mitte) backen, nach 10 Minuten die Pommes einmal wenden.

Zum Schluss mit ein paar Salzflocken garnieren.

KARTOFFELGRATIN

MIT KNUSPERKRUSTE

ZUTATEN
FÜR EINE 25-30 CM GROSSE AUFLAUFFORM

1,5 kg festkochende Kartoffeln
3–4 Zweige Thymian
3–4 Zweige Rosmarin
75 g Butter
grobes Meersalz

ZUBEREITUNG

Den Ofen auf 200 °C (Ober-/Unterhitze) vorheizen.

Einen großen Topf mit gesalzenem Wasser zum Kochen bringen. Die Kartoffeln schälen und mithilfe eines Hobels in dünne Scheiben schneiden. Die Scheiben für ca. 3 Minuten im Kochwasser blanchieren. Die Kartoffeln anschließend zum Auskühlen auf ein Küchenhandtuch legen. Die Scheiben sorgfältig und dekorativ (Spirale, Linien) in die Auflaufform schichten, sodass sie aneinanderstehen.

Die Kräuter waschen und trocken schütteln. Die Thymianblätter und Rosmarinnadeln von den Stielen zupfen. Butter und Kräuter in einen Topf geben und schmelzen, dann über die Kartoffeln gießen. Die Kartoffeln mit etwas grobem Meersalz bestreuen und für ca. 1 Stunde im heißen Ofen (Mitte) knusprig ausbacken.

TIPP

Wer mag, kann das Gratin nach 45 Minuten noch mit etwas Parmesan bestreuen.

KNUSPRIG FEURIGE

HARISSA-KARTOFFELN

ZUTATEN
FÜR 4 PERSONEN

800 g festkochende Bio-Kartoffeln
1 Knoblauchzehe
2 EL Olivenöl
Salz, Pfeffer
1 EL Harissa-Paste

ZUBEREITUNG

Einen großen Topf mit Wasser und Salz zum Kochen bringen. Den Ofen auf 200 °C (Umluft) vorheizen.

Kartoffeln waschen, in Spalten schneiden und ca. 8 Minuten kochen. In der Zwischenzeit Knoblauch schälen, fein reiben und mit Öl, Salz und Pfeffer sowie der Harissa-Paste vermengen.

Die Kartoffeln vorsichtig abgießen, auf einem Handtuch trocknen und mit der Marinade vermengen. Nun auf einem Backblech ausbreiten und für ca. 13 Minuten im heißen Backofen (Mitte) goldbraun ausbacken.

HASSELBACK-KARTOFFELN

ZUTATEN FÜR 4 PERSONEN

1 kg mittelgroße, festkochende Bio-Kartoffeln

100 g Butter

1 Thymianzweig

Salz, Pfeffer

AUSSERDEM

2 lange Holzstäbchen

ZUBEREITUNG

Den Ofen auf 180 °C (Umluft) vorheizen.

Kartoffeln gründlich waschen, zwischen Holzstäbchen legen und in feine Scheiben einschneiden – die Stäbchen helfen dir dabei, nicht ganz durchzuschneiden.

Butter in einem Topf schmelzen. Thymian waschen, trocken schütteln, Blättchen abzupfen und mit Salz und Pfeffer zur Butter geben. Kartoffeln mit der Hälfte der Butter bepinseln und auf einem Backblech ca. 45 Minuten im heißen Ofen (Mitte) backen. Nach der Hälfte der Zeit die Kartoffeln erneut mit der restlichen Butter bepinseln.

BACKEN & SÜSSES

ZITRONEN-MOHNKUCHEN

MIT BLAUBEEREN

ZUTATEN FÜR EINE GUGELHUPFFORM (⌀26 CM)

FÜR DEN TEIG

1 Bio-Zitrone

150 g Skyr

175 g Zucker

3 Eier (Größe M)

225 g Mehl

Salz

1 Pck. Backpulver

125 ml Sonnenblumenöl

50 g Mohn

300 g Blaubeeren (alternativ Kirschen, hier geht auch die TK-Variante aufgetaut und abgetropft)

FÜR DEN GUSS

100 g Puderzucker

Saft von ½ Zitrone

AUSSERDEM

Öl oder Margarine und Mehl für die Form

1 langer Holzspieß

ZUBEREITUNG

Den Ofen auf 175 °C (Ober-/Unterhitze) vorheizen. Die Form ausfetten und mit Mehl ausstäuben.

Die Zitrone heiß abwaschen, mit einer Reibe die Schale abreiben und den Saft auspressen. Skyr, Zucker, Eier, Zitronenabrieb und Saft miteinander verrühren. Mehl, 1 Prise Salz und Backpulver vermengen und in die Joghurtmasse rühren. Das Öl dazugeben und alles zu einem glatten Teig verrühren.

Die Hälfte des Teiges in die Form geben, die übrige Hälfte mit dem Mohn verrühren. Die Blaubeeren auf den Teig geben und mit der anderen Teighälfte bedecken. Mit einem Holzspieß einmal durch den Teig „swirlen“, sodass sich die beiden Teige und die Beeren etwas vermischen und eine Art Marmor-Optik entsteht. Den Kuchen für 40–45 Minuten im heißen Backofen (Mitte) backen und anschließend auskühlen lassen.

In der Zwischenzeit den Puderzucker mit dem Zitronensaft verrühren und auf dem ausgekühlten Kuchen verteilen.

BROWNIES

GLUTENFREI UND LAKTOSEFREI

ZUTATEN
FÜR EIN KLEINES BLECH (20 X 30 CM)

150 g Zucchini
200 g Zartbitterschokolade
50 g Kokosöl (alternativ Margarine)
3 Eier (Größe M)
170 g Zucker
Salz
1 Pck. Backpulver
1 Pck. Schokopuddingpulver
200 g gemahlene Mandeln
Kakaopulver zum Bestäuben
grobes Meersalz

ZUBEREITUNG

Den Ofen auf 175 °C (Ober-/Unterhitze) vorheizen.

Die Zucchini waschen und samt Schale fein reiben. Die Schokolade grob hacken. Das Kokosöl in einem Topf zum Schmelzen bringen. Den Topf vom Herd nehmen und die Schokolade darin schmelzen lassen.

Die Eier und den Zucker mit 1 Prise Salz sehr schaumig schlagen. Die geschmolzene Schokolade behutsam mit einem Schneebesen unter die Eimasse heben. Backpulver, Puddingpulver und Mandeln vermischen und ebenfalls vorsichtig in die Masse einrühren. Zum Schluss die Zucchiniraspel unterheben. Den Teig nun auf ein Blech streichen und im heißen Backofen (Mitte) für ca. 20 Minuten backen.

Die Brownies nach Ende der Backzeit etwas auskühlen lassen, in die gewünschte Form schneiden, mit Kakaopulver bestreuen und etwas grobes Meersalz daraufgeben.

APFELTASCHEN

PAPAS LIEBLINGE

ZUTATEN FÜR 18-20 TASCHEN

FÜR DIE FÜLLUNG

1 kg Äpfel (z. B. Elstar)

20 g Butter

1 Bio-Zitrone

3 EL Zucker

½ TL gemahlener Zimt

100 g Rosinen (nach Belieben)

FÜR DEN TEIG

600 g Mehl

100 g Zucker

Salz

1 Pck. Backpulver

60 ml Öl

140 ml Milch

300 g Magerquark

AUSSERDEM

1 Ei zum Bestreichen

100 g Puderzucker (nach Belieben)

50 g geröstete Mandelblättchen (nach Belieben)

ZUBEREITUNG

Für die Füllung die Äpfel schälen, vierteln, vom Kerngehäuse befreien und klein schneiden. Die Butter in einem Topf zum Schmelzen bringen, die Zitrone heiß abwaschen, mit einer Reibe die Schale abreiben und den Saft auspressen. Die Äpfel mit den übrigen Zutaten für die Füllung hinzufügen und etwas anschwitzen. Einen Schluck Wasser hinzufügen und für ca. 15 Minuten leicht köcheln lassen, gelegentlich umrühren.

In der Zwischenzeit den Ofen auf 175 °C (Ober-/Unterhitze) vorheizen. Für den Teig einfach alle Zutaten mithilfe eines Handrührgeräts mit Knethaken zu einem Teig verarbeiten.

Den Teig nun in drei Teile teilen und nacheinander auf einer bemehlten Arbeitsfläche ausrollen und ca. 15 x 15 cm große Quadrate ausschneiden. Je 1 EL der leicht ausgekühlten Apfelmasse in die Mitte geben und zuklappen, sodass du ein Dreieck erhältst. Die Apfeltaschen am Rand mit einer Gabel festdrücken und auf ein mit Backpapier ausgelegtes Backblech legen.

Das Ei mit 2 EL kaltem Wasser verrühren und die Apfeltaschen damit bepinseln. Nun für ca. 15 Minuten im heißen Backofen (Mitte) goldbraun backen. Wer mag, kann anschließend aus dem Puderzucker mit 1–2 EL Wasser einen Guss herstellen, die ausgekühlten Apfeltaschen damit bestreichen und mit Mandeln verzieren.

TIPP **Du kannst die Apfeltaschen nach dem Backen auch super einfrieren.**

ZIMTSCHNECKEN

WIE IN SCHWEDEN

ZUTATEN
FÜR 15-18 STÜCK

FÜR DEN TEIG

1 kg Mehl

120 g Zucker

Salz

1 Msp. gemahlener Kardamom

80 g Butter

530 ml Milch

½ Würfel Hefe (21 g)

2 Eier (Größe M)

FÜR DIE FÜLLUNG

200 g weiche Butter

100 g Zucker

3 EL gemahlener Zimt

AUSSERDEM

Hagelzucker

ZUBEREITUNG

Mehl, Zucker, 1 Prise Salz und Kardamom vermischen. Die Butter in einem Topf schmelzen, dann den Topf vom Herd nehmen, die Milch dazugeben und Hefe und 1 Ei darin verrühren. Die Flüssigkeit zur Mehlmischung geben und ca. 6–8 Minuten verkneten. Anschließend den Teig zu einer Kugel formen und etwa 45 Minuten gehen lassen.

In der Zwischenzeit für die Füllung die Butter mit dem Zucker und dem Zimt mit einem Handmixer etwas schaumig aufschlagen.

Den Teig anschließend auf einer leicht bemehlten Arbeitsfläche zu einem Rechteck ausrollen und mit der Zimtbutter bestreichen. Dann aufrollen und in gleich große Stücke schneiden. Die Schnecken auf ein mit Backpapier ausgelegtes Blech geben, mit dem restlichen Ei bestreichen und mit Hagelzucker bestreuen.

Den Ofen auf 200 °C (Ober-/Unterhitze) vorheizen. In der Zwischenzeit die Schnecken noch einmal gehen lassen. Anschließend für 10–12 Minuten im heißen Ofen (Mitte) backen.

KIRSCH-MANDELKUCHEN

ZUTATEN FÜR EINE SPRINGFORM (ø26 CM)

FÜR BODEN UND STREUSEL

150 g Amarettini

250 g Butter

300 g Mehl

70 g Zucker

50 g Haferflocken

100 g gehackte Mandelkerne

Salz

gemahlener Zimt

FÜR DIE FÜLLUNG

4 Eier (Größe M)

250 g Mascarpone

500 g Quark

50 g Speiseöl

100 ml Milch

7 EL Mandellikör (alternativ einige Tropfen Bittermandelaroma)

1 Pck. Vanillepuddingpulver

120 g Zucker

500 g TK-Kirschen

ZUBEREITUNG

Den Ofen auf 180 °C (Ober-Unterhitze) vorheizen. In die Form Backpapier einklemmen.

Für den Boden die Amarettini mithilfe einer Küchenmaschine oder einem Stößel zerbröseln. Diese nun mit den restlichen Zutaten und je 1 Prise Salz und Zimt rasch zu einem krümeligen Teig verarbeiten. Die Hälfte in den Boden der Springform drücken, die andere Hälfte kalt stellen.

Für die Füllung alle Zutaten, bis auf die Kirschen, miteinander verrühren. Die Masse auf den Teig geben. Die Kirschen darauf verteilen und diese mit den übrigen Streuseln bedecken.

Den Kuchen für ca. 70 Minuten im heißen Ofen (Mitte) auf einem Ofenrost backen. Wichtig: Lege auch auf das Gitter noch ein Blatt Backpapier.

TIPP

Der Kuchen geht auch super mit anderen Obstsorten, wie zum Beispiel Zwetschgen. Am besten backst du ihn am Vortag und stellst ihn über Nacht zum Auskühlen in den Kühlschrank.

BIENENSTICH

IM GLAS

ZUTATEN FÜR 6 GLÄSER

FÜR DEN BODEN

4 Eier (Größe M)

100 g Zucker

Salz

1 Pck. Vanillezucker (alternativ Vanillearoma)

100 g Mehl

FÜR DIE CREME

1 Pck. Vanillepuddingpulver

500 ml Milch

40 g Zucker

Salz

200 g Sahne

FÜR DAS MANDELKROKANT

90 g Zucker

30 g Butter

100 g Mandelblättchen

TIPP

Wenn du es eilig hast, kannst du anstelle des Biskuitbodens auch auf Löffelbiskuit zurückgreifen und diese vor dem Einlegen ins Glas in Orangensaft wenden. Dazu passen auch Beeren, wie z.B. Himbeeren oder Erdbeeren.

ZUBEREITUNG

Den Ofen auf 175 °C (Ober-/Unterhitze) vorheizen und ein Backblech mit Backpapier belegen.

Alle Zutaten für den Boden, bis auf das Mehl, mit 1 Prise Salz für 10–12 Minuten schaumig schlagen, bis eine dicke, weißliche Masse entstanden ist. Anschließend das Mehl hineinsieben und vorsichtig mit einem Schneebesen unterheben. Den Teig nun auf das Backblech geben und für 8–10 Minuten im heißen Ofen (Mitte) goldbraun ausbacken.

In der Zwischenzeit den Pudding nach Anleitung mit Milch, Zucker und 1 Prise Salz kochen und anschließend mit Frischhaltefolie abdecken. Dabei die Folie direkt auf den Pudding legen, damit sich keine Haut bildet. Vollständig erkalten lassen. Den erkalteten Pudding einmal glatt rühren. Die Sahne steif schlagen und unter den Pudding heben.

Für das Topping den Zucker in einer beschichteten Pfanne langsam karamellisieren lassen. Die Butter hinzugeben, die Hitze etwas reduzieren und die Mandeln hinzufügen. So lange rühren, bis alles eine goldgelbe Farbe hat. Die Masse auf ein Backpapier geben und glatt streichen. Auskühlen lassen, bis es fest wird.

Den Biskuitboden mit dem Glas, in dem ihr das Dessert serviert, ausstechen, sodass du 12 kleine Böden erhälst. Jeweils einen Boden ins Glas geben, etwas Puddingcreme daraufgeben und den Vorgang **noch mal** wiederholen. Die übrigen Bodenreste zerbröseln und auf die oberste Puddingschicht geben. Das Mandelkrokant nun in Stücke brechen, darauf verteilen und servieren.

APFEL-BRÛLÉE-TARTE

ZUTATEN
FÜR 4 PERSONEN

FÜR DEN BODEN

300 g Mehl

200 g kalte Butter

100 g Zucker

Salz

FÜR DIE FÜLLUNG

5 Äpfel (z. B. Jonagold)

30 g Butter

90 g Zucker

1 Msp. gemahlener Zimt

300 g Sahne

4 Eigelbe

Vanillezucker (alternativ echte Vanille)

Salz

AUSSERDEM

200 g getrocknete Hülsenfrüchte zum Blindbacken

etwas brauner Zucker

1 Bunsenbrenner

ZUBEREITUNG

Alle Zutaten für den Teig in einem Mixer vermengen. Den Teig in eine mit Backpapier ausgelegte Tarteform drücken und für 10 Minuten in den Kühlschrank stellen. In der Zwischenzeit den Ofen auf 180 °C (Umluft) vorheizen. Den Teig anschließend mit einer Gabel vorsichtig einstechen, sodass keine großen Blasen beim Backen entstehen. Dann mit Backpapier belegen und die Hülsenfrüchte zum Blindbacken draufgeben. Die Tarte im heißen Ofen (Mitte) ca. 20 Minuten backen. Anschließend das Backpapier und den Inhalt vorsichtig entfernen und den Boden für weitere 5–10 Minuten backen. Etwas abkühlen lassen.

In der Zwischenzeit die Äpfel schälen, entkernen und achteln. Dann Butter in einer Pfanne schmelzen, die Apfelspalten, 40 g Zucker und Zimt dazugeben und karamellisieren. Danach die Äpfel leicht abkühlen lassen.

Den Ofen auf 160 °C (Ober-/Unterhitze) stellen. Die Sahne mit den Eigelben, 50 g Zucker, Vanille und 1 Prise Salz mit einem Schneebesen glatt rühren. Die Äpfel auf dem Teig verteilen, mit der Sahnemasse übergießen und für 50 Minuten im heißen Ofen (Mitte) backen.

Die Tarte am besten über Nacht auskühlen lassen. Vor dem Servieren mit braunem Zucker bestreuen und anschließend mit dem Bunsenbrenner karamellisieren.

BANANAMISU

ZUTATEN
FÜR CA. 7 PORTIONEN

3 Eigelbe

90 g Zucker

Salz

Mark von 1 Vanilleschote (alternativ Vanillezucker)

350 g Mascarpone

180 g Sahne

250 ml kalter Espresso (alternativ starker Kaffee)

60 ml Mandellikör

3 Bananen

etwa 20 Löffelbiskuits

Backkakao zum Bestäuben

ZUBEREITUNG

Für dieses Rezept brauchst du eine Metallschüssel und ein Wasserbad. Also einen Topf mit siedendem Wasser, auf den die Schüssel so passt, dass sie das Wasser nicht berührt. Die Eigelbe zusammen mit 70 g Zucker, 1 Prise Salz und Vanille in die Metallschüssel geben und über dem Wasserbad ca. 8 Minuten mit einem Handmixer oder Schneebesen aufschlagen, bis eine dickliche, weiße Masse entstanden ist. Nun die Schüssel vom Wasserbad nehmen und die Mascarpone nach und nach einrühren. In einer weiteren Schüssel die Sahne steif schlagen und unter die Mascarponemasse heben.

Den Espresso nun mit 30 ml Mandellikör vermengen, die Bananen schälen und in 1 cm dicke Scheiben schneiden.

Eine Pfanne aufstellen und den restlichen Zucker darin karamellisieren. Die Bananenscheiben hinzufügen, mit dem restlichen Mandellikör ablöschen, kurz aufkochen und aus der Pfanne nehmen. Die Bananenscheiben werden so etwas weich, keine Sorge, das soll so.

Die Löffelbiskuits mit einer Seite in die Kaffee-Likörmischung tunken und in eine Auflaufform legen. Mit der Hälfte der Creme bestreichen, die Bananen darauf verteilen und wieder eine Schicht getunkte Löffelbiskuits daraufgeben. Die restliche Creme daraufstreichen und abgedeckt für ca. 3 Stunden kalt stellen. Vor dem Servieren mit Kakao bestäuben.

MILCHSCHNITTEN

ZUTATEN FÜR 6–8 STÜCK

FÜR DEN TEIG

4 Eier (Größe M)

100 g Zucker

Salz

90 g Mehl

20 g Backkakao

FÜR DIE CREME

Abrieb von 1 Bio-Orange

250 g Mascarpone

200 g Sahne

60 g Puderzucker

1 Pck. Sahnesteif

½ TL gemahlener Zimt

AUSSERDEM

etwas Butter für die Form

eckige Kuchenform (oder du machst einfach Tortenstücke, auch vollkommen ok)

ZUBEREITUNG

Den Ofen auf 160 °C (Ober/-Unterhitze) vorheizen. Die Kuchenform gründlich einfetten.

Die Eier mit dem Zucker und 1 Prise Salz für ca. 10 Minuten schaumig schlagen. Mehl und Kakaopulver sieben und miteinander vermengen. Die Mehl-Kakaomischung nun ganz behutsam unter die Eimasse heben. Die Masse in die Form füllen und im heißen Ofen (Mitte) für ca. 20 Minuten backen. Anschließend auskühlen lassen und in der Mitte einmal teilen, sodass du zwei dünnere „Platten“ hast.

In der Zwischenzeit die Creme vorbereiten. Dafür alle Zutaten mit dem Handmixer steif schlagen. Diese nun auf einen der Böden streichen und den anderen Boden vorsichtig draufdrücken. Am besten über Nacht in den Kühlschrank stellen, sodass die Böden etwas aufweichen. In Schnitten schneiden und servieren.

DER BESTE

KÄSEKUCHEN

ZUTATEN FÜR EINE SPRINGFORM (⌀26 CM)

FÜR DEN MÜRBETEIG

300 g Mehl

120 g Zucker

1 Pck. Vanillezucker

200 g kalte Butter

Salz

FÜR DIE FÜLLUNG

1 Bio-Zitrone

300 ml Milch

1 Pck. Vanillepuddingpulver

1 kg Magerquark

200 g Zucker

3 Eier (Gr. M)

Mark von 1 Vanilleschote

200 ml neutrales Speiseöl

AUSSERDEM

Fruchtsauce oder Beeren (nach Belieben)

ZUBEREITUNG

Den Ofen auf 170 °C (Ober-/Unterhitze) vorheizen und ein Blatt Backpapier in die Springform klemmen.

Die Zutaten für den Boden rasch mit 1 Prise Salz zu einem Teig verkneten und in die Form drücken. Dabei einen 3 cm hohen Rand formen, das geht am besten mit den Daumen. Anschließend den Boden mit einem Esslöffel glatt drücken, den Rand begradigen und die Form in den Kühlschrank stellen.

In der Zwischenzeit die Zitrone heiß waschen und die Schale mit einer Reibe fein abreiben. Zusammen mit den restlichen Zutaten für die Füllung mit einem Schneebesen oder einem Pürierstab verrühren. Dabei darauf achten, dass die Zutaten lediglich miteinander vermengt werden und du keine Luft in die Füllung schlägst. Daher einfach rühren oder eben vorsichtig pürieren.

Die Masse auf den Boden füllen und auf das Ofenrost stellen. Achtung! Auf das Gitter auch noch mal ein Backpapier legen. Den Kuchen im heißen Ofen (Mitte) für ca. 70 Minuten backen. Auf einem Kuchenrost komplett auskühlen lassen. Ring entfernen und nach Belieben mit einer Fruchtsauce oder frischen Beeren garnieren.

VEGANES

BANANENBROT

ZUTATEN FÜR EINE 30 CM KASTENFORM

275 g Mehl

40 g Zucker

100 g gehackte, geröstete Walnusskerne

1 Pck. Backpulver

1 TL gemahlener Zimt

Salz

geriebene Muskatnuss

3 reife Bananen

100 ml Öl

170 ml Mandeldrink (alternativ ein anderer Pflanzendrink)

100 ml Ahornsirup

Saft von 1 Zitrone

ZUBEREITUNG

Den Ofen auf 175 °C (Ober-/Unterhitze) vorheizen. Die Form mit einem Streifen Backpapier der Länge nach auslegen, sodass der Boden und die Seiten bedeckt sind.

Zunächst die trockenen Zutaten mit je 1 Prise Salz und Muskat miteinander vermengen. 2 der Bananen mit dem Öl, dem Mandeldrink, dem Ahornsirup und dem Saft der Zitrone pürieren.

Nun die trockenen Zutaten zu den flüssigen geben und ganz kurz, wirklich nur kurz, mit einem Schneebesen glatt rühren. Den Teig in die Kastenform füllen. Das Brot im heißen Ofen (Mitte) für ca. 40 Minuten backen.

CRÊPES SUZETTE

ZUTATEN FÜR 4 PERSONEN

FÜR DIE CRÊPES

200 g Mehl

3 Eier (Größe M)

Salz

2 EL Zucker

150 ml Vollmilch

3–4 EL kohlensäurehaltiges Mineralwasser

FÜR DEN SUD

3 Bio-Orangen

3 EL Zucker

50 g Butter

100 ml Orangensaft

5 EL Orangenlikör (z. B. Cointreau)

5 EL Cognac

AUSSERDEM

etwas Öl zum Ausbacken

gehackte Pistazien zum Servieren

ZUBEREITUNG

Alle Zutaten für die Crêpes, bis auf das Mineralwasser, zu einem glatten Teig verrühren. Erst im Anschluss langsam das Wasser einrühren und den Teig 10–15 Minuten ruhen lassen. Den Teig anschließend portionsweise in einer leicht gefetteten Pfanne zu dünnen Crêpes ausbacken.

Für den Sud 1 Orange heiß abwaschen und davon die Schale abreiben und beiseitestellen. Alle Orangen nun mit einem Messer schälen, sodass auch gleich die weiße Haut mit abgeschält wird und die Orangen filetieren.

Den Zucker nun in einer Pfanne karamellisieren, die Butter darin schmelzen und mit dem Orangensaft und dem Cointreau ablöschen. Die Orangenscheiben und den Abrieb dazugeben und etwas einkochen. Die Orangenscheiben wieder herausnehmen und bis zum Servieren beiseitestellen.

Die Crêpes nun nacheinander in den Sud legen und zu Dreiecken falten. Am besten geht das mit zwei Gabeln. Jetzt liegen die gefalteten Crêpes in dem Sud und sollten leicht köcheln. Gib den Cognac in de Pfanne, zünde ihn an und flambiere so die Crêpes. Wenn die Flammen erloschen sind, die Crêpes auf Tellern anrichten und mit den Orangenscheiben und gehackten Pistazien garnieren.

REGISTER

DANKSAGUNG

Das Wort „Danke“ würde an dieser Stelle für meine Geschwister gar nicht ausreichen, denn die Dankbarkeit gegenüber den beiden, für den unendlichen Support und all die Freiheiten, die ich mir in unserer Firma rausnehmen darf, übersteigt ein einfaches Danke bei Weitem.

Danke an das gesamte Team der Weidenkantine fürs tagtägliche Hustlen, während ich unterwegs bin, Bücher schreibe und TV-Produktionen realisiere. Ihr seid die Größten.

Danke an den besten Partner an meiner Seite, den ich mir nur wünschen könnte. Du hälst mir immer den Rücken frei, bist meine größte Stütze und mein liebstes Zuhause.

Danke an Juli, Assistentin, Haus- und Hoffotografin und meine gute Seele, die mich in meinem stets aufregenden und abwechselungsreichen Leben begleitet. Ohne dich wäre ich wohl nie an Ort und Stelle.

Danke an Julia Hoersch, für die tollen Foodfotos, und Kira und Team vom EMF-Verlag, die dieses Buch zum Leben erweckt haben.

Und um es in einfache Worte zu fassen:

Ich bin extrem dankbar, dass ich dieses Leben, mit all seinen Facetten, leben darf.

ÜBER DIE AUTORIN

Zora Klipp studierte nach ihrer Ausbildung zur Köchin Tourismusmanagement und reiste als Au-pair und Backpackerin durch die Welt. Heute ist sie Köchin, Moderatorin, Kochbuchautorin und Café- und Restaurantbesitzerin aus Leidenschaft. Ob im TV („Küchenschlacht", „Zora kocht's einfach", „Schmeckt immer"), online via Instagram oder in ihren Hamburger Restaurants „Weidenkantine" und „Blattgold": Der kreative Wirbelwind brennt für seine Community, seine vielseitigen Projekte und vor allem fürs Kochen. Dabei setzt Zora auf regionale, saisonale, nachhaltige und vegane Themen. Frei nach dem Motto „Professionalität meets Chaos" gibt es auch immer eine Portion Quatsch mit Sauce obendrauf.

IMPRESSUM

Bibliografische Information der Deutschen Bibliothek.

Die Deutsche Bibliothek verzeichnet diese Publikation in der Deutschen Nationalbibliografie. Detaillierte bibliografische Daten sind im Internet über http://www.dnb.de/ abrufbar.

EIN BUCH DER EDITION MICHAEL FISCHER
1. Auflage 2023

Covergestaltung und Layout: Michaela Zander
Foodfotografie: © Julia Hoersch, Hamburg
Cover und Fotos auf S. 2, 8, 10, 11, 76, 142, 143: © Juli Schneegans, Hamburg
Projektleitung: Kira Weingarten
Lektorat: Celine del Rosario, Lena Buch

ISBN 978-3-7459-1273-9
Gedruckt bei Mohn Media Mohndruck GmbH, Carl-Bertelsmann-Straße 161 M, 33311 Gütersloh, Deutschland
www.emf-verlag.de